ACCESO GRATIS *a la Lectura en la Nube*

Para visualizar el libro electrónico en la nube de lectura envíe junto a su nombre y apellidos una fotografía del código de barras situado en la contraportada del libro y otra del ticket de compra a la dirección:

ebooktirant@tirant.com

En un máximo de 72 horas laborales le enviaremos el código de acceso con sus instrucciones.

JURISDICCIÓN VOLUNTARIA

Aspectos prácticos más frecuentes en el Juzgado de Primera Instancia

Procedimiento de selección de originales, ver página web:
www.tirant.net/index.php/editorial/procedimiento-de-seleccion-de-originales

JURISDICCIÓN VOLUNTARIA

Aspectos prácticos más frecuentes en el Juzgado de Primera Instancia

Óscar Daniel Ludeña Benítez
Letrado de la Administración de Justicia
Doctor en Derecho
Profesor tutor. UNED

tirant lo blanch
Valencia, 2024

Directora de colección
CAROLINA DEL CARMEN CASTILLO MARTÍNEZ

EDITA: TIRANT LO BLANCH
C/ Artes Gráficas, 14 - 46010 - Valencia
TELFS.: 96/361 00 48 - 50
FAX: 96/369 41 51
Email: tlb@tirant.com
www.tirant.com
Librería virtual: www.tirant.es
DEPÓSITO LEGAL: V-3515-2024
ISBN: 978-84-1071-996-5
MAQUETA: Innovatext

Índice

Parte III

LA APLICACIÓN PRÁCTICA DE LOS EXPEDIENTES MÁS COMUNES EN LOS JUZGADOS CIVILES

Parte IV

LA GRAN REFORMA EN MATERIA DE DISCAPACIDAD (LEY 8/21)

Parte V

EL FUTURO DE LA JURISDICCIÓN VOLUNTARIA Y LA LEY DE EFICIENCIA PROCESAL. LA "LEY TRANS", EL R.D.LEY 6/23 Y LOS TRABAJOS PARLAMENTARIOS ACTUALES

Introducción

En la presente publicación se trata de exponer una visión general de la Ley de la Jurisdicción Voluntaria desde el punto de vista práctico con el objeto de esclarecer cómo se tramitan los procedimientos en un Juzgado de Primera Instancia y hacer mención a las últimas reformas habidas (Ley 8/2021 sobre discapacidad, "Ley Trans" y R.D. Ley 6/2023) y las que pueden llegar con una más completa Ley de Eficiencia Procesal. Por tanto, el objetivo principal del presente trabajo es dar a conocer la aplicación práctica de la Ley de Jurisdicción Voluntaria en los Juzgados de Primera Instancia, puesto que se trata de una materia muchas veces desconocida y muy heterogénea, donde la Ley establece una tramitación que, a veces, no se corresponde con la realidad fáctica del foro. Es preciso advertir al lector de que, en esta obra —eminentemente práctica— , no se encuentran reflejados todos los expedientes de Jurisdicción Voluntaria existentes, pero sí se ha intentado que se recojan los que con más frecuencia se ven en el día a día de un Juzgado de Primera Instancia, puesto que sí existen unos patrones en cuanto a la frecuencia de uso de los expedientes, por lo que los contenidos en este libro son los que han sido fruto de la experiencia del autor como Letrado de la Administración de Justicia en un Juzgado de Primera Instancia e Instrucción desde hace más de dos décadas; si bien la aplicación de la nueva LJV sólo lleva vigente desde el 23 de julio de 2015. A lo largo de estas páginas se contendrán comentarios, modelos-formularios de demandas y resoluciones judiciales, preceptos legales, esquemas y diversa jurisprudencia destacada de diferentes Tribunales. Se trata de que sea de ayuda para la consulta diaria del profesional jurídico y también para que el estudioso, al término de su lectura, obtenga una visión general de la aplicación diaria de estos expedientes en el foro.

Parte I.

La jurisdicción voluntaria: conceptos generales y polémica sobre su naturaleza

1. PRIMERA APROXIMACIÓN AL CONCEPTO DE JURISDICCIÓN VOLUNTARIA

Se trata de una materia del Derecho Procesal Civil que ha sido calificada por diversos autores como "exótica" o "la gran olvidada". En algunas Universidades llegó a ser optativa en el plan de estudios de la licenciatura o grado en Derecho y no se llegó a impartir puesto que el alumnado no se matriculaba ante la falta de interés y estímulo para cursarla. El gran maestro de la Jurisdicción Voluntaria en España, el catedrático de Derecho Romano D. Antonio Fernández de Buján la calificó como "*misteriosa, heterogénea, fascinante, atormentada, insistente, machacona y dando respuesta a problemas concretos, repudiada por todos y sin sede científica propia, enojosa, difícil y de poco lucimiento. Uno de los más atormentados problemas de la ciencia jurídica europea, la gran olvidada y la gran ignorada del Derecho Procesal español, autoritaria o paradigmática por su brevedad y economía procesal*".

Con la nueva Ley de Jurisdicción Voluntaria, LJV (Ley 15/2015, de 2 de julio), se descarga de trabajo a los Jueces y Magistrados y se considera perfectamente constitucional la atribución a Letrados de la Administración de Justicia, Notarios y Registradores. Tal como ha dicho el Tribunal Constitucional en su STC 93/1983, de 8 de noviembre **(TOL110.807)** —sobre decisión pontificia de matrimonio no consumado—, al ser concebida al modo de Jurisdicción Voluntaria, ha de incluirse en las funciones que, de acuerdo con 117.4 CE, pueden atribuirse expresamente al Juez en garantía de cualquier derecho. Como es sabido, dicho precepto de nuestra Carta Magna dispone que los Juzgados y Tribunales no ejercerán más funciones que las señaladas en el apartado anterior y *las que expresamente les sean atribuidas por ley en garantía de cualquier derecho.* He aquí la válvula de escape para la intervención de otros profesionales del Derecho que no ejercen la potestad jurisdiccional en ciertas materias, como la que aquí nos va a ocupar.

Por ello, el objetivo consiste en recoger en un concepto único las funciones en que un órgano de la jurisdicción actúa como administrador de Derecho Privado con cometidos no jurisdiccionales sino administrativos, abordando las relaciones jurídicas de Derecho Privado. Las dos notas esenciales son, en definitiva, la necesaria intervención de un órgano jurisdiccional y la existencia de un objeto jurídico privado.

2. LA DEFINICIÓN LEGAL DE JURISDICCIÓN VOLUNTARIA

La propia Ley de Jurisdicción Voluntaria se encarga de definir qué entiende por la materia que trata, nos proporciona una definición. Para el art. 1.2 de la LJV, son aquellos expedientes para la tutela de derechos e intereses civiles y mercantiles en los que no exista contienda y que precisan de la intervención de un órgano jurisdiccional. Es interesante también saber cómo Ley de Enjuiciamiento Civil de 1881, en su art. 1811 (vigente éste hasta el 22 de julio de 2015), consideraba actos de Jurisdicción Voluntaria todos aquellos en que sea necesaria, o se solicite la intervención del Juez sin estar empeñada ni promoverse cuestión alguna entre partes conocidas y determinadas. Como se puede analizar, las similitudes son importantes, a simple vista parece que se dice algo muy parecido. Pero existen importantes matices. El primero, la delimitación de "tutela de derechos e intereses civiles y mercantiles", frente a "todos aquellos". Y el segundo, y más importante, algo que puede en principio pasar desapercibido pero que es fundamental: mientras que en la antigua normativa se hablaba

simplemente de "Juez" ahora se dice "órgano jurisdiccional", lo que incluirá, sin duda, al Letrado de la Administración de Justicia, profesional que será el competente no sólo para la tramitación del expediente sino para la resolución en exclusiva de algunos, como se estudiará más adelante. Esta es una importantísima novedad, fruto de la potenciación que se ha dado en las últimas décadas del antiguo Secretario Judicial en materias procesales, no exclusivamente fedatarias.

3. REFORMA DE LA JURISDICCIÓN VOLUNTARIA EN LOS INICIOS DEL SIGLO XXI

La reforma ha sido muy necesaria y se encuentra dando buenos frutos. Téngase en cuenta que, algunos expedientes que se regulaban en la LEC 1881, como la restitución de menores en supuestos de sustracción internacional (arts. 1901 a 1909 LEC 1881) y la convocatoria de juntas en sociedades mercantiles casaban mal con el concepto de Jurisdicción Voluntaria porque existía controversia desde el inicio.

Como se ha mencionado, antes del 23 de julio de 2015 la materia se regulaba en los pocos preceptos no derogados de la LEC 1881, en concreto en su Libro III. Era una reforma que quedaba pendiente en el sistema de Derecho Procesal Civil español, pues la propia Ley de Enjuiciamiento Civil preveía en su Disposición final decimoctava que en un plazo de un año el Gobierno debía presentar un Proyecto de Ley sobre Jurisdicción Voluntaria. El título competencial para que el Gobierno pueda hacerlo se encuentra en los arts. 149.1.6 y 149.1.8 CE, siendo como es el Estado competente exclusivo en legislación procesal.

Sin embargo, no fue hasta 2015 cuando —por fin— vio la luz la Ley que la LEC 2000 apremiaba a confeccionar. Uno de los principales motivos ha sido la constante discusión sobre la naturaleza de la Jurisdicción Voluntaria, en concreto sobre su jurisdiccionalidad. Y es que, el hecho de que algunos expedientes pasasen a ser competencia del entonces Secretario Judicial tanto en su tramitación como su resolución chocaban con la tradición que había marcado este tipo de asuntos. Por ejemplo, se discutía en los proyectos y anteproyectos si la declaración de ausencia o fallecimiento debían seguir siendo competencia de los Jueces en cuanto a su resolución. Así, el insigne procesalista Carnelutti hablaba de que este procedimiento era obra imparcial del Juez, sin necesidad de demostración. Y dice del Juez, con el atributo y especial y pretendidamente exclusivo don de la imparcialidad. Sin embargo, ahora se plantea si el Letrado de la Administración de Justicia (antiguo Secretario Judicial) puede ser o no el que resuelva estos expedientes en concreto. Y así se acuerda, entendiendo que también goza de ese carácter de la imparcialidad el Letrado de la Administración de Justicia (art. 452 LOPJ), sabiendo -en todo caso- que trabaja en el Juzgado pero que no es un Juez, hoy por hoy.

4. LA PARTICIPACIÓN DEL LETRADO DE LA ADMINISTRACIÓN DE JUSTICIA EN EL ÓRGANO JUDICIAL A EFECTOS DE TRAMITACIÓN Y RESOLUCIÓN

De todos modos, esta pretendida exclusividad en su resolución de determinados expedientes por el Letrado de la Administración de Justicia sigue siendo formalmente así pero, ante la tramitación en un órgano jurisdiccional, la jurisprudencia -tanto constitucional como europea- se ha encargado de matizarlo en los últimos años con la conclusión ultima de que, vía recurso, la última palabra siempre la va a tener el Juez. Se van a exponer algunos ejemplos que, sin ser estrictamente de Jurisdicción Voluntaria, sí se puede entender que participan, en parte, de su naturaleza. Un caso sería el del propio procedimiento monitorio, que si no tiene oposición, goza de ciertos caracteres de Jurisdicción Voluntaria. Sin embargo, el propio Tribunal de Justicia de la Unión Europea, en su sentencia del asunto C-49/14 de 18 de febrero de 2016 **(TOL5.643.818)**, ya plantea que no era conforme a la normativa europea que un proceso monitorio solo resuelto por el Letrado

de la Administración de Justicia —sin permitir al Juez apreciar cláusulas abusivas— pueda darse. Es decir, es necesario que un Juez se pronuncie de oficio sobre las mismas por mucho que luego el requerimiento de pago que se haga conlleve la anuencia del demandado o su silencio y pueda ser resuelto por el propio Letrado de la Administración de Justicia.

4.1. El monitorio notarial y su relación con el proceso monitorio judicial

Por el interés que merece que la tutela del crédito en la modalidad de reclamación de deudas no contradichas, pueda ser tramitada y resuelta fuera de los órganos jurisdiccionales (en concreto por el Notariado), resulta procedente tomar conciencia del carácter novedoso de Jurisdicción Voluntaria con el que se viene a consagrar este expediente:

> *"Artículo 70 Ley del Notariado, de 28 de mayo de 1862 (LN).*
>
> *1. El **acreedor que pretenda el pago** de una deuda dineraria de naturaleza civil o mercantil, cualquiera que sea su cuantía y origen, líquida, determinada, vencida y exigible, **podrá solicitar de Notario** con residencia en el domicilio del deudor consignado en el documento que acredite la deuda o el documentalmente demostrado, o en la residencia habitual del deudor o en el lugar en que el deudor pudiera ser hallado, que requiera a éste de pago, cuando la deuda, se acredite en la forma documental, que a juicio del Notario, sea indubitada. La deuda habrá de desglosar necesariamente principal, intereses remuneratorios y de demora aplicados.*
>
> ***No podrán reclamarse** mediante este expediente:*
>
> *a) Las deudas que se funden en un contrato entre un empresario o profesional y un consumidor o usuario.*
>
> *b) Las basadas en el artículo 21 de la Ley 49/1960, de 21 de julio, de Propiedad Horizontal.*
>
> *c) Las deudas de alimentos en las que estén interesados menores, ni las que recaigan sobre materias indisponibles u operaciones sujetas a autorización judicial.*
>
> *d) Las reclamaciones en la que esté concernida una Administración Publica.*

2. A tal efecto, ***se autorizará acta notarial****, que recogerá las siguientes circunstancias: la identidad de acreedor y deudor; el domicilio de ambos, según fueron consignados en el documento que origina la reclamación, salvo que documentalmente se acredite su modificación, en cuyo caso deberán ser consignados ambos y el origen, naturaleza y cuantía de la deuda. También se acompañará al acta el documento o documentos que constituyan el título de la reclamación.*

El Notario no aceptará la solicitud si se tratara de alguna de las reclamaciones excluidas, faltara alguno de los datos o documentos anteriores o no fuera competente.

3. Una vez aceptada la solicitud del acreedor y comprobada la concurrencia de los requisitos previstos en los apartados anteriores, ***el Notario requerirá al deudor para que, en el plazo de veinte días hábiles****, pague al peticionario.*

Si el ***deudor no pudiere ser localizado*** *en alguno de los domicilios posibles acreditados en el acta o no se pudiere hacer entrega del requerimiento, el Notario dará por terminada su actuación, haciendo constar tal circunstancia y quedando a salvo el ejercicio del derecho del acreedor por vía judicial.*

5. ***Se tendrá por realizado válidamente el requerimiento*** *al deudor si es localizado y efectivamente requerido por el Notario, aunque rehusare hacerse cargo de la documentación que lo acompaña, que quedará a su disposición en la Notaría. También será válido el requerimiento realizado a cualquier empleado, familiar o persona con la que conviva el deudor, siempre que sea mayor de edad, cuando se encuentre en su domicilio, debiendo el Notario advertir al receptor que está obligado a entregar el requerimiento a su destinatario o a darle aviso si sabe su paradero. Si el requerimiento se hiciere en el lugar de trabajo no ocasional del destinatario, en ausencia de éste, se efectuará a la persona que estuviere a cargo de la dependencia destinada a recibir documentos u objetos.*

En caso de que el destinatario sea una persona jurídica el Notario entenderá la diligencia con la persona mayor de edad que se encontrare en el domicilio señalado en el documento anteriormente expresado y que forme parte del órgano de administración, que acredite ser representante con facultades suficientes o que a juicio del Notario actúe notoriamente como persona encargada por la persona jurídica de recibir requerimientos o notificaciones fehacientes en su interés".

Así pues, el hecho de que el proceso monitorio, en determinadas circunstancias, participe de los caracteres de la Jurisdicción Voluntaria lo demuestra la regulación del denominado monitorio notarial o actuaciones notariales denominadas "reclamación de deudas dinerarias no contradichas" que, como dice Barrio del Olmo, se inspiran en la técnica monitoria. Los artículos 70 y 71 de la Ley del Notariado, introducidos por la LJV, regulan la reclamación fehaciente de una deuda y la anudación de efectos legales a la inacción del deudor consistente en la obtención de un título de ejecución. Por tanto, para Barrio del Olmo es absolutamente correcto referirse a esas actuaciones como "monitorio notarial". Sin embargo, fue un expediente muy criticado por el CGPJ.

Las críticas al monitorio notarial se suelen basar en la pretendida naturaleza jurisdiccional del proceso monitorio, que impediría su desjudicialización. Pero esta naturaleza jurídica del proceso monitorio ha sido ampliamente debatida por la doctrina y se ha cuestionado ese carácter. Como recoge Barrio del Olmo, para Calamandrei sería una forma especial de un proceso de cognición abreviado, mientras que para Carnelutti es un *tertium genus* entre el proceso de cognición y el de ejecución, considerando que la actividad del Juez cuando examina el contenido de la demanda monitoria no tiene naturaleza jurisdiccional porque el Juez emite un mandato de pago sin comprobar previamente la certeza de los hechos invocados por el acreedor.

La realidad es que se ha mantenido su naturaleza de Jurisdicción Voluntaria, acorde con la teoría austriaca de finales del siglo XIX. Igualmente, la doctrina mayoritaria en Francia y en España, con autores como Cortés Domínguez, piensan que en esa previa fase en la que, en la mayoría de los casos no interviene el Juez y se forma un título de ejecución, se comparte el carácter de Jurisdicción Voluntaria. También Banacloche Palao piensa que es razonable que se desjudicialice la técnica monitoria y se permita que un procedimiento parecido se tramite al margen de los Juzgados, resolviéndose así los asuntos de manera más rápida, sin postulación procesal, sin tasa judicial… En definitiva, el monitorio notarial se desarrolla sin contradicción entre las partes y concluye con la oposición el deudor.

La introducción de los Notarios en este tipo de expediente también tiene que ver con la pretendida agilidad que se le quiere dar, en aras a potenciar una eficaz economía nacional, a las reclamaciones dinerarias. Así, el diario económico "Cinco Días" titulaba el 6 de junio de 2023: *"Viacrucis judicial para reclamar las deudas rápidas: hasta cuatro años de espera por los morosos a la fuga"*. La noticia destacaba que, en los Juzgados, se archivan cuatro de cada diez monitorios, fundamentalmente porque no se localiza al deudor. Para intentar atajar este "calvario", se intenta posibilitar al deudor otras opciones, como acudir al Notario, a pesar de que después, cuando obtengamos el título vaya a ser considerado como "no judicial"; lo cual entorpecerá en parte la ejecución (a la que siempre deberemos ir a los Tribunales), puesto que la "judicial" es más ágil y permite embargos desde el despacho de la ejecución, así como la no suspensión del procedimiento si se plantease oposición.

En el artículo 71 de la Ley del Notariado se analizan las posibles conductas del deudor.

> *"Artículo 71.*
>
> *1. Una vez practicado el requerimiento, **si el deudor compareciere ante el Notario requirente y pagare íntegramente** la deuda dentro del plazo de veinte días hábiles siguientes, se hará constar así por diligencia en el acta, que tendrá el carácter de carta de pago. En tal caso el Notario procederá, sin demora a hacer entrega de la cantidad abonada al acreedor en la forma que éste hubiera solicitado.*
>
> *Si el deudor pagare directamente al acreedor, y en el plazo establecido, acredita esta circunstancia, con confirmación expresa por el acreedor, el Notario cerrará el acta, dando por terminada la actuación.*
>
> *Si no hubiera confirmación expresa por el acreedor en el plazo previsto para el pago, el Notario cerrará, asimismo, el acta, quedando abierta la vía judicial.*
>
> *2. **Si el deudor compareciera ante el Notario para formular oposición**, se recogerán los motivos que fundamenta ésta, haciéndolo constar por diligencia. Una vez comunicada tal circunstancia al*

acreedor, se pondrá fin a la actuación notarial, quedando a salvo los derechos de aquel para la reclamación de la deuda en la vía judicial.

Cuando se hubiere requerido a varios deudores por una única deuda, la oposición de uno podrá dar lugar al fin de la actuación notarial respecto de todos, si la causa fuere concurrente, haciendo constar los pagos que hubieran podido realizar alguno de ellos.

*3. **Si en el plazo establecido el deudor no compareciere o no alegare motivos de oposición,** el Notario dejará constancia de dicha circunstancia.*

En este caso, el acta será documento que llevara aparejada ejecución a los efectos del número 9.º del apartado 2 del artículo 517 de la Ley de Enjuiciamiento Civil. Dicha ejecución se tramitará conforme a lo establecido para los títulos ejecutivos extrajudiciales".

Como destaca el Auto de la Audiencia Provincial de Tarragona de 15 de enero de 2020 (**TOL7.737.451**), "*examinada el acta notarial comprobamos que el deudor X SL se **opuso** al requerimiento alegando una serie de hechos que cuestionaban el abono de la cantidad reclamada, por lo que, de conformidad con lo dispuesto en el art 70 el acreedor **podrá acudir a la vía judicial para hacer efectivo su derecho, pero no a la ejecución como pretende**, sino a la vía declarativa, pues de conformidad con lo dispuesto en el art. 71 el acta llevará aparejada ejecución únicamente cuando el deudor hubiere sido requerido en los términos establecidos en el artículo precedente, lo que aquí no ha sucedido. Se trata de un supuesto análogo al previsto en el art. 818.1 LEC para el proceso monitorio al que se equipara el supuesto*".

Los autores que defienden la desjudicialización piensan que la introducción de esta técnica en la Ley del Notariado se ha realizado de forma tímida, pues las limitaciones y restricciones que contienen conllevan que no se pueda desplegar toda la eficacia pretendida.

4.2. Las juras de cuentas y el Letrado de la Administración de Justicia

En el caso de las cuentas juradas de Procuradores y Abogados pasa algo similar en relación a la consideración del Letrado de la Administración de Justicia como participante de la jurisdicción del Juez. La **STJUE de 16 de febrero de 2017 (TOL5.958.919)** resuelve un caso en el que, en principio, la Abogada general consideraba que el Letrado de la Administración de Justicia podía ser catalogado como órgano jurisdiccional a efectos de cuestiones prejudiciales en el procedimiento de jura de cuentas. Sin embargo, el Tribunal finalmente dijo que no podía ser así considerado por su "falta de independencia". Y es que, aunque la resolución de TJUE es discutible en ese concepto de independencia (el Letrado de la Administración de Justicia no debería recibir instrucciones concretas sobre cómo resolver los asuntos de su competencia por parte de sus superiores) lo que parece claro es que no se le puede considerar, como también dice el Tribunal, Poder Judicial para dictar resoluciones con carácter jurisdiccional (art. 267 TFUE). La realidad es que la jura de cuentas, al tramitar y resolver, no conlleva estar sometido a los principios de unidad de actuación y dependencia jerárquica, como podría pensarse. Pero no cabe duda de que el TJUE prefiere proteger la independencia judicial de manera plena, por mucho que estuviese tratando de un procedimiento, como la jura de cuentas, que tampoco produce el efecto de cosa juzgada. Así hace también **el Tribunal Constitucional, en la sentencia de 14 de marzo de 2019 (TOL7.153.724)**, en la que considera que es inconstitucional que se resuelva la impugnación de la jura de cuentas por el Letrado de la Administración de Justicia sin que quepa recurso ante el Juez. Era éste un caso especial, porque la LJV de 2015 siempre ha previsto la existencia de recurso contra todo tipo de decretos finales de Jurisdicción Voluntaria (art. 20.2 LJV), como puede ser, como ya se adelanto *supra*, el de la declaración de ausencia o fallecimiento.

4.3. El Letrado de la Administración de Justicia, entre el Juez y el Notario

La "crisis de identidad" de los Letrados de la Administración de Justicia es conocida. No cabe duda de que es un cuerpo funcionarial superior colaborador del Juez, pero no forma parte del Poder Judicial como tal, aunque su interdependencia está fuera de toda duda. El Catedrático y Magistrado del Tribunal Constitucional D. Vicente Gimeno Sendra estudió ampliamente su figura destacando que los entonces Secretarios Judiciales participaban de dos naturalezas, la jurisdiccional (como colaborador de la Jurisdicción y, en cuanto tal, formaría parte del Poder Judicial) y la administrativa (en ese sentido serían unos funcionarios más de la Administración de Justicia). Pero hay que reseñar que, además, este operador jurídico ejerce la fe pública como autoridad imparcial con un estatuto jurídico similar al de los Jueces y Magistrados, y detenta la potestad de instrumentación (453 LOPJ). Esta amalgama de importantes funciones deriva incluso en el cambio de nombre de Secretario Judicial y, desde 2015, se denomina Letrado de la Administración de Justicia, al querer potenciar más el carácter de jurista que de estricto fedatario. El art. 456.6 (apartados b,c) LOPJ, desde la reforma llevada a cabo por la Ley Orgánica 19/2003 atribuye al Letrado de la Administración de Justicia competencias en materia de Jurisdicción Voluntaria, incluso resolutivas, pero que no pudieron llevarse a cabo realmente hasta la proclamación de la LJV, a pesar de algunos bienintencionados intentos de algunos fedatarios públicos judiciales.

5. LA JURISDICCIÓN VOLUNTARIA Y LA INTERVENCIÓN DE DISTINTOS OPERADORES JURÍDICOS

El encargo de la LEC de 2000 para que se presentase un Proyecto de Ley de Jurisdicción Voluntaria en menos de un año no dio fruto hasta el Proyecto de 2006. Este Proyecto llegó lejos en su tramitación parlamentaria (hasta que fue retirado por el Gobierno en el Senado) y fue frustrado por diversos motivos: una eterna discusión sobre jurisdiccionalidad o no de los expedientes implicados, la ampliación de facultades atribuidas a Registradores y Notarios, y la muy relevante supresión de la intervención de la Abogacía en determinados expedientes. La Ponencia, tras larga reflexión, terminó aceptando dicha intervención en procedimientos a partir de determinada cuantía. Para autores como Banacloche Palao, la oposición al proyecto, particularmente de la Abogacía, fue determinante del carácter poco pacífico de los debates parlamentarios y es que la exclusión general puso en pie de guerra al "poderoso lobby de los Colegios de Abogados", como dice Prada González. Y por último, la eterna polémica sobre si se debe admitir contradicción o no en el procedimiento. La LEC 1881 preveía que la oposición convertía en contencioso el expediente, pero en realidad se distinguía entre oposiciones relevantes y no relevantes. El Proyecto de 2006 era perturbador, puesto que cualquier controversia lo convertía en contencioso. Como se ha adelantado, el 24 de octubre de 2007 el Gobierno retiró el mencionado Proyecto. Hubo que dejar una legislatura completa en blanco (la de 2008 a 2011) para que ya, en la legislatura 2011-2015 se retomara la idea de elaborar una nueva LJV, con el cambio de signo político. De ahí deriva el Anteproyecto de 2013, donde en la mayoría de los procedimientos que no se reservaban al Juez, los justiciables tenían que acudir en exclusiva a Notarios y Registradores y no podían hacerlo de forma alternativa a los entonces Secretarios Judiciales.

6. RASGOS CARACTERÍSTICOS DE LA JURISDICCIÓN VOLUNTARIA

Para todo buen jurista que deba intervenir en un expediente de Jurisdicción Voluntaria es importante conocer los rasgos característicos que doctrinalmente se han ido configurando a través de los tratados doctrinales y la jurisprudencia. Conocerlos nos permite encajar, en la medida de lo posible, estos expedientes en el Derecho Procesal Civil, donde siempre han sido "pospuestos" en su estudio. Dichos rasgos serían:

1) En relación a las partes, en la mayoría de los expedientes no existe demandado *stricto sensu.*

2) La intervención de autoridad es *sine causae cognitio,* es decir, no se plantea en el contexto de una determinada pretensión contenciosa.

3) La existencia o no de acuerdo es característica general, si bien en determinados expedientes se resuelve precisamente la falta de acuerdo (art. 85 y ss. LJV sobre obligaciones encaminadas al específico cumplimiento de ciertos deberes relativos a la patria potestad).

4) La existencia de una concreta pretensión.

5) El carácter preventivo (para evitar futuros litigios) o constitutivo personal (como en los expediente de adopción, tutela o matrimonio).

6) No existe juicio contradictorio y por ello no se puede dar la cosa juzgada material.

7) La ausencia de contradicción (diferencia esta de la contenciosa, por ello no se dictan sentencias). Sin embargo, esta carencia de juicio contradictorio no implica ausencia de controversia.

8) Se ventila la tutela de un interés privado.

9) La independencia e imparcialidad (rasgos de la auténtica jurisdicción). A efectos de Jurisdicción Voluntaria, los Letrados de la Administración de Justicia son imparciales e independientes en aquellos expedientes de mera constatación de fe pública como el deslinde de fincas no inscritas (art. 103 LJV).

10) Ausencia de cosa juzgada. Como dice el auto **del Tribunal Supremo de 18 de julio de 2000 (TOL3.445.679)** "*en el orden público procesal español los actos de Jurisdicción Voluntaria se han caracterizado por no producir efecto ejecutivo, al menos en sentido propio, ni de cosa juzgada material, pudiendo someterse la cuestión al conocimiento de Jueces y Tribunales a través del procedimiento contencioso que corresponda*". Actualmente, debemos acudir al art.19.4 LJV, que nos dice que "*la resolución de un expediente de Jurisdicción Voluntaria no impedirá la incoación de un proceso jurisdiccional posterior con el mismo objeto que aquél, debiendo pronunciarse la resolución que se dicte sobre la confirma-*

ción, modificación o revocación de lo acordado en expediente de Jurisdicción Voluntaria". Autoras como Calaza López entienden que en estos expedientes sí existe cosa juzgada formal y material, pero al igual que en procesos sumarios, solo en el ámbito de la propia Jurisdicción Voluntaria. Todo ello es la consagración de la cosa juzgada material dentro del propio marco de la Jurisdicción Voluntaria, pues cualquier otra solución, dada la naturaleza de este tipo de expedientes, provocaría inseguridad.

11) Relación con la actividad administrativa. Gran parte de la doctrina ha entendido la Jurisdicción Voluntaria como "administración pública del derecho privado". Se trataría de una categoría especial, una especie de posición intermedia entre la jurisdicción contenciosa y la Administración Pública.

7. NATURALEZA DE LA JURISDICCIÓN VOLUNTARIA Y POSIBLES SOLUCIONES PARA LA FIJACIÓN DE UN CRITERIO PACIFICADOR

Por tanto, en esta discutida naturaleza hay que tener en cuenta, con González Granda, que una cosa es que la Jurisdicción Voluntaria en general no pueda ser considerada en todos sus aspectos como auténtica Jurisdicción y otra que aquellos expedientes que se ha atribuido al Letrado de la Administración de Justicia no participen de tal carácter (la declaración de ausencia o fallecimiento, entre otros, como se verá más adelante).

De todos modos, para acabar con tantas discusiones se aboga por una solución: convertir al actual Letrado de la Administración de Justicia en el nuevo Juez de lo Procesal español. Pero no a coste cero, como suele ser habitual en las reformas legislativas (*vid.* Disposición adicional sexta LJV). Porque las nuevas responsabilidades sin contrapartidas económicas conllevan a considerar, por parte del legislador, que no necesitan ninguna cualificación especial ni suponen esfuerzo adicional alguno; lo que, sin duda, es poco motivador para el operador jurídico que las tiene que ejercer. Pero la creación de dichos Jueces de tramitación con su ingreso en el CGPJ y su retribución adecuada y justa llevaría a acoger bajo el seno de la Jurisdicción a muchos expedientes que se encuentran en tierra de nadie, entre lo administrativo y lo jurisdiccional. Y ayudaría a despejar dudas, amén de potenciar a un profesional como es el Letrado de la Administración de Justicia que, con sus resoluciones, no cabe duda de que participa de la Jurisdicción, cuando no es directamente Jurisdicción (como cuando admite a trámite una demanda y produce el efecto de litispendencia, típicamente jurisdiccional).

8. POSTULACIÓN EN LA JURISDICCIÓN VOLUNTARIA

Como se ha comentado, la intervención de Abogado y Procurador fue uno de los temas más discutidos en su momento (Proyecto de 2006). En la LJV de 2015 se reguló en el art. 3, en el siguiente sentido:

> *"2. Tanto los solicitantes como los interesados deberán actuar defendidos por Letrado y representados por Procurador en aquellos expedientes en que así lo prevea la presente Ley. No obstante, aun cuando no sea requerido por la ley, las partes que* ***lo deseen podrán actuar*** *asistidas o representadas por Abogado y Procurador, respectivamente.*
>
> *En todo caso, será necesaria la actuación de Abogado y Procurador para la presentación de los* ***recursos de revisión y apelación*** *que en su caso se interpongan contra la resolución definitiva que se dicte en el expediente, así como a partir del momento en que se* ***formulase oposición****".*

Por tanto, es la propia LJV la que nos va indiciando, en cada uno de los supuestos concretos si es necesaria la postulación. Particular es el supuesto del art. 64 LJV, de autorización de venta de bienes de un discapacitado por parte de su curador. El límite de los 6.000 euros para su intervención ha sido matizado por la reforma de la LJV que acordó la Ley 8/2021. Anteriormente, determinados gastos eran divididos por la parte para evitar la necesidad de postulación (por ejemplo, los gastos de dentista, divididos en dos facturas). La redacción actual deja en manos del Juez solicitar su intervención por la complejidad del asunto o la existencia de intereses enfrentados. También se dan casos especiales de postulación en los casos de remoción del tutor o curador y en el supuesto de extinción de poderes preventivos.

Una novedad respecto a la regulación anterior es la no necesidad de postulación en los expedientes de declaración de ausencia y fallecimiento (art. 68.4 LJV).

No es necesario en los casos de discrepancias o desacuerdos en el ejercicio de la patria potestad, lo que sin duda otorga agilidad al expediente pero es discutible ante el sesgo especializado y jurídico que tienen muchos de estos asuntos (85 y ss. LJV).

En el caso de la aceptación y repudiación de la herencia no es necesario que intervenga Abogado y Procurador si el haber hereditario es inferior a 6.000 euros (93,94 LJV). Tampoco es necesario en el expediente de consignación de rentas (98,99 LJV).

Como se ha visto, dado que en la mayoría de los expedientes no es necesaria la postulación de profesionales, en el BOE del jueves 28 de enero de 2016 se publicó el Acuerdo de 22 de diciembre de 2015, de la Comisión Permanente del Consejo General del Poder Judicial, por el que se aprueban los modelos normalizados previstos en las leyes de Enjuiciamiento Civil y de Jurisdicción Voluntaria. Este Acuerdo es consecuencia, como así se reconoce en el mismo, del art. 14.3 de la LJV que dispone que, cuando por ley no sea preceptiva la intervención de Abogado y Procurador, en la Oficina Judicial (normalmente en el Decanato) se ha de facilitar al interesado un impreso normalizado para formular la solicitud, sin que sea necesario concretar fundamentación jurídica alguna para la toma en consideración de la pretensión. También el 141.1.2°párrafo de la LJV, y en relación al expediente de conciliación, dispone que se puede realizar la solicitud con los mencionados impresos formalizados, disponibles en el organismo correspondiente. Todo ello con la finalidad de facilitar al ciudadano presentar su solicitud sin necesidad de contar con asesoramiento profesional, si bien en la mayoría de las ocasiones, a las personas legas en derecho hay que proporcionales cierta ayuda, ya sea desde los Decanatos o desde los propios Juzgados. Además de para estos procedimientos, también existen modelos para el juicio verbal que no supere los 2.000 euros, para su contestación de la demanda y para el proceso monitorio (ya sea tipo o de propiedad horizontal).

He aquí un modelo normalizado de solicitud de conciliación, según el BOE mencionado:

F.1 MODELO NORMALIZADO DE SOLICITUD DE CONCILIACIÓN

***Normativa aplicable**: art. 141.1 la Ley 15/2015, de 2 de julio, de Jurisdicción Voluntaria (LJV).*

***Supuesto de hecho:** el BOE ofrece un modelo a todos los ciudadanos para que se vayan rellenando los espacios y sea más sencillo presentar una solicitud de conciliación en el ámbito civil siempre que se cumpla con los requisitos del art. 139 LJV.*

SOLICITUD DE CONCILIACIÓN

AL JUZGADO

Don/Doña ..... con DNI y NIF/CIF número ....., domiciliado/a en la calle ....., número ....., piso ....., de la localidad de ....., con número de teléfono ..... y domicilio laboral en la calle ....., número ....., piso ....., de la localidad de ..... con número de teléfono ....., fax ..... y dirección de correo electrónico ..... FORMULO SOLICITUD DE CONCILIACIÓN en reclamación de (se expondrá brevemente la pretensión que se deduce) ..... frente a .....

(se indicarán los datos de los requeridos de conciliación que deban ser citados por el Juzgado, con expresión del domicilio o domicilios en que pueden ser citados o cualquier otro dato que permita la identificación de los mismos)

Don/Doña ..... con DNI y NIF/CIF número ....., domiciliado/a en la calle ....., número ....., de la localidad de ....., con número de teléfono ....., fax ..... y dirección de correo electrónico ....., (de conocer otros domicilios del/la demandado/a especifíquelos a continuación) .....

Don/Doña ..... con DNI y NIF/CIF número ..... domiciliado/a en la calle ....., número ....., de la localidad de ....., con número de teléfono ....., fax ..... y dirección de correo electrónico ....., (de conocer otros domicilios del/la demandado/a especifíquelos a continuación) .....

Don/Doña ..... con DNI y NIF/CIF número ....., domiciliado/a en la calle ....., número ....., de la localidad de ....., con número de teléfono ....., Fax ..... y dirección de correo electrónico ....., (de conocer otros domicilios del/la demandado/a especifíquelos a continuación) .....

Don/Doña ..... con DNI y NIF/CIF número ..... domiciliado/a en la calle ....., número ....., de la localidad de ....., con número de teléfono ....., fax ..... y dirección de correo electrónico ....., (de conocer otros domicilios del/la demandado/a especifíquelos a continuación) ..... [Otros en su caso)

Por: (indique el objeto de la conciliación que se pretende y la fecha, el objeto de la avenencia de la avenencia y los hechos en que se fundamenta la solicitud) .....

Con la presente solicitud

Aporto los documentos y/o dictámenes que se enumeran al final de este escrito

No aporto documentos y/o dictámenes

(Se deberán aportar con la solicitud todos los documentos y/o dictámenes de que se disponga y se refieran a la capacidad y legitimación del promotor del expediente, a los datos de los interesados en el mismo, a los hechos alegados y todos aquellos que sirvan de fundamento de la pretensión).

Propongo la práctica de los siguientes medios de prueba:

1. ..... 2 ..... . 3 ..... . 4 ..... . (...)

No propongo prueba

En atención a lo expuesto, PIDO AL JUZGADO: (Exponga con claridad y precisión cuál es el objeto de la avenencia) .....

En ....., a ..... de ..... de ..... Firma:

Y aquí el modelo genérico de solicitud de expediente de Jurisdicción Voluntaria:

F.2 MODELO NORMALIZADO DE SOLICITUD DE EXPEDIENTE DE JURISDICCIÓN VOLUNTARIA

Normativa aplicable*: art. 14.3 de la Ley 15/2015, de 2 de julio, de Jurisdicción Voluntaria (LJV).*

Supuesto de hecho: *el BOE ofrece un modelo a todos los ciudadanos para que se vayan rellenando los espacios y sea más sencillo presentar una solicitud de expediente general de Jurisdicción Voluntaria, adecuándolo en cada caso a la normativa existente, por lo que se intentará encuadrar la petición en la legislación aplicable a cada caso.*

EXPEDIENTE DE JURISDICCIÓN VOLUNTARIA

AL JUZGADO

Don/Doña ....., con DNI y NIF/CIF número ....., domiciliado/a en la calle ....., número ....., piso ....., de la localidad ..... de ....., número de teléfono ....., y domicilio laboral en la calle ....., número ....., piso ....., de la localidad de ....., con número de teléfono ....., fax ..... y dirección de correo electrónico .....

FORMULO SOLICITUD DE EXPEDIENTE DE JURISDICCIÓN VOLUNTARIA en reclamación de (se expondrá brevemente la pretensión que se deduce) ....., siendo interesados en el expediente: .....

(se indicarán los datos de todos aquellos que puedan estar interesados en el expediente y deban ser citados por el Juzgado, con expresión del domicilio o domicilios en que pueden ser citados o cualquier otro dato que permita la identificación de los mismos)

Don/Doña ....., con DNI y NIF/CIF número ..... domiciliado/a en la calle ....., número ....., de la localidad de ....., con número de teléfono ....., Fax ..... y dirección de correo electrónico ....., (de conocer otros domicilios del/la demandado/a especifíquelos a continuación) ....., número ....., de la localidad de ....., con número de teléfono ....., Fax ..... y dirección de correo electrónico ....., (de conocer otros domicilios del/la demandado/a especifíquelos a continuación) ..... Don/Doña ....., con DNI y NIF/CIF número ..... domiciliado/a en la calle ....., número ....., de la localidad de ....., con número de telé-

fono ....., fax ..... y dirección de correo electrónico ....., (de conocer otros domicilios del/la demandado/a especifíquelos a continuación) .....

Don/Doña ....., con DNI y NIF/CIF número ..... domiciliado/a en la calle ....., número ....., de la localidad de ....., con número de teléfono ....., fax ..... y dirección de correo electrónico ....., (de conocer otros domicilios del/la demandado/a especifíquelos a continuación) ..... [Otros, en su caso]

Por: (indique el motivo de su reclamación, los hechos en que se fundamenta, y los antecedentes y circunstancias de relevancia para la pretensión que se ejercita) .....

Con la presente solicitud Aporto los documentos y/o dictámenes que se enumeran al final de este escrito No aporto documentos y/o dictámenes (Se deberán aportar con la solicitud todos los documentos y/o dictámenes de que se disponga y se refieran a la capacidad y legitimación del promotor del expediente, a los datos de los interesados en el mismo, a los hechos alegados y todos aquellos que sirvan de fundamento de la pretensión). Propongo la práctica de los siguientes medios de prueba:

1. ..... 2 ..... . 3 ..... . 4 ..... . (...)

No propongo prueba

En atención a lo expuesto, PIDO AL JUZGADO: (Exponga con claridad y precisión lo que se pide) .....

En ....., a ..... de ..... de ..... Firma: Documentación que se adjunta (en su caso)"

Parte II

Los distintos tipos de expedientes de jurisdicción voluntaria judiciales y extrajudiciales

1. PROCEDIMIENTO GENERAL JUDICIAL DE JURISDICCIÓN VOLUNTARIA

En este apartado se estudiarán algunos de los más importantes tipos de expedientes de Jurisdicción Voluntaria que ha creado la LJV, algunos nuevos y otros inspirados en la legislación anterior (LEC 1881, Libro III).

Una de las novedades principales —crucial— es la creación de un procedimiento general de Jurisdicción Voluntaria, una auténtica necesidad frente a los múltiples procedimientos que existían en Libro III de LEC 1881. En el Preámbulo se dice que se quiere crear una “nueva ordenación legal, adecuada, razonable y realista”, lo cual era solicitado con vehemencia por los diversos operadores jurídicos. La existencia de este procedimiento general es muy importante, si bien en la parte especial de la LJV se establecen matizaciones en cada uno de los expedientes que al final primaran sobre el procedimiento general. Pero sí es cierto que en el art. 17 LJV se esbozan los elementos comunes y necesarios de casi todos los expedientes, a pesar de que después siempre habrá que acudir al concreto para que, en todo aquello que no esté regulado ahí, aplicar el art. 17 mencionado. La parte general se contiene en los arts. 1 a 22 LJV, mientras que la parte especial se encuentra en los arts. 23 a 148 LJV.

2. EXCLUSIVIDAD O ALTERNATIVIDAD EN LA RESOLUCIÓN DE LOS EXPEDIENTES

Continuaron los debates parlamentarios con la discusión entre los partidarios de la exclusividad (Banacloche Palao) o de la alternatividad (Fernández de Buján). Veamos qué significa cada concepto. La exclusividad se refiere a la teoría que entiende que la tramitación y resolución de los expedientes de Jurisdicción Voluntaria debe ser competencia de un exclusivo operador jurídico en cada caso. Sin embargo, los partidarios de la alternatividad opinan que el ciudadano ha de tener siempre la posibilidad (para tramitar y resolver un expediente de Jurisdicción Voluntaria) de poder elegir entre operadores jurídicos previamente determinados por la LJV. Ejemplo de exclusividad sería la declaración de ausencia o fallecimiento (sólo la tramita y resuelve el Letrado de la Administración de Justicia) mientras que ejemplo de alternatividad sería la conciliación (ante Letrado de la Administración de Justicia, ante Notario o ante Registrador de la Propiedad). El Borrador de Anteproyecto 2012 acogía la tesis general de la exclusividad. Entendía que los Secretarios Judiciales estarían limitados en el conocimiento de algunos expedientes y además podrían darse resoluciones contradictorias. Por otra parte, determinados asuntos como los expedientes de dominio o la declaración de herederos abintestato salieron de ámbito de la LJV y se "privatizaron" otorgando a Notarios y Registradores la competencia exclusiva sobre los mismos. Por tanto, han pasado a la categoría de extrajudiciales, después de una larga tradición de tramitación en los Juzgados, lo que les excluye de cualquier atisbo de jurisdiccionalidad. Después de los mencionados debates parlamentarios, el Proyecto de LJV de 2014, consiguió mayor consenso, lo que daría finalmente como resultado la Ley 15/2015.

Son competencia exclusiva de los Letrados de la Administración de Justicia, es decir, tramitan y resuelven los expedientes de manera única (sin que haya concurrencia o alternatividad con otros operadores jurídicos):

— El expediente de defensor judicial (art. 27 a 31 LJV).

— El expediente de declaración de ausencia y de declaración de fallecimiento (arts. 67 a 77 LJV).

— El expediente de deslinde de fincas que no estén inscritas en el Registro de la Propiedad (arts.104 a 106 LJV).

3. BREVE REFERENCIA A LOS EXPEDIENTES DE DECLARACIÓN DE AUSENCIA Y FALLECIMIENTO

Los expedientes de declaración de ausencia y fallecimiento eran competencia exclusiva del Juez hasta la reforma del CC (arts. 181 a 197) que implementó la LJV, regulándolos desde el punto de vista procesal en su propio articulado (arts. 67 a 77).

He aquí algunos modelos que nos pueden servir para entender la materia:

F.3 MODELO DE DECRETO DECLARANDO LA AUSENCIA LEGAL

***Normativa aplicable**: art. 71 la Ley 15/2015, de 2 de julio, de Jurisdicción Voluntaria (LJV).*

***Supuesto de hecho:** el Letrado de la Administración de Justicia dicta resolución, en el ámbito de su competencia exclusiva en este expediente, declarando la ausencia legal de una persona de la que no se tiene noticias desde hace más de un año.*

JUZGADO DE PRIMERA INSTANCIA E INSTRUCCION

Procedimiento: Declaración de ausencia

DECRETO

LETRADO DE LA ADMINISTRACIÓN DE JUSTICIA D.

En X a Y

Vistos por Su Señoría el Sr., Letrado de la Administración de Justicia del Juzgado de Primera Instancia X los presentes autos de jurisdicción voluntaria DECLARACIÓN DE AUSENCIA número en ejercicio de la petición de declaración de ausencia seguidos en este Juzgado a instancias del Procurador de los Tribunales D. X en nombre y representación de Dª X en relación a D. Y con intervención del Ministerio Fiscal y que se han seguido con base en los siguientes:

ANTECEDENTES DE HECHO

PRIMERO. *En fecha Y el Procurador de los Tribunales en nombre y representación de Dª X presentó solicitud de jurisdicción voluntaria en petición de declaración de ausencia legal de D. Y , y nombramiento de un representante para el mismo, por haber desaparecido de su domicilio desde hace más de un año sin que se tenga noticia de su paradero desde entonces y sin que el mismo haya previsto su representación voluntaria para la gestión de su patrimonio.*

SEGUNDO. *En fecha X se dictó decreto de admisión del expediente de jurisdicción voluntaria en el que se acordaba la convocatoria al solicitante, a los interesados que consten identificados en la solicitud y al Ministerio Fiscal a una comparecencia que tuvo lugar en fecha X en este Juzgado. También se acordó la publicación por edictos en el BOE y en el Ayuntamiento de Z , último domicilio del desaparecido. Fueron publicados edictos en el BOE los días X y G, y ha estado expuesto edicto en el Tablón de Anuncios del Ayuntamiento de X del A al B.*

TERCERO. *En la mencionada fecha de B se celebró la indicada comparecencia con la asistencia de todos los interesados y también se recibió exhorto del Juzgado mixto nº1 de C con la testifical de otra hermana, debidamente asistidos y representados, con la asistencia del Ministerio Fiscal.*

CUARTO. *En la tramitación del presente pleito se han observado las prescripciones legales.*

FUNDAMENTOS DE DERECHO

Primero.— *Establece el artículo 182 del CC que tiene la obligación de promover e instar la declaración de ausencia legal, sin orden de preferencia: "Primero. El cónyuge del ausente no separado legalmente. Segundo. Los parientes consanguíneos hasta el cuarto grado. Tercero. El Ministerio fiscal de oficio o a virtud de denuncia. Podrá, también, pedir dicha declaración cualquier persona que racionalmente estime tener sobre los bienes del desaparecido algún derecho ejercitable en vida del mismo o dependiente de su muerte".*

Segundo.— *En lo que se refiere al procedimiento para la declaración de ausencia y la designación de su representante, el mismo se encuentra regulado en la actualidad en el art. 70 de la LJV.*

Tercero.— *En el caso de autos, de los hechos alegados y la norma legal invocada procede la declaración legal de ausencia de D. Y y la designación al mismo de un representante que gestione su patrimonio con base al análisis de los siguientes tres aspectos:*

1.º) *En lo que se refiere a su situación de desaparición desde hace más de un año, de las declaraciones de su madre y sus hermanas Dª A y Dª B , no se deja duda al respecto en relación a que, voluntaria o involuntariamente, D. Y falta de su domicilio habitual desde el pasado día C en* ***que no ha vuelto a ser visto por ninguna de las personas con los que habitualmente se relaciona el mismo. Según se deduce de las testificales practicadas, D. Y vivía entre Z y una casa de campo en U y su ocupación consistía en hacer cartas astrales. Nadie de la familia se explica lo sucedido, sin que se tenga noticia suya de ningún tipo.***

2.º) *En lo que se refiere a la inexistencia de otra representación legalmente constituida previamente por el interesado o tercero, no consta representación alguna.*

3º) *En lo que se refiere a la persona idónea para el ejercicio del cargo de representante legal del patrimonio del ausente, conforme a lo que dispone el art. 184 del CC salvo motivo grave apreciado por el Letrado de la Administración de Justicia, corresponde la representación del declarado ausente, la pesquisa de su persona, la protección y administración de sus bienes y el cumplimiento de sus obligaciones a "****1.º*** *Al cónyuge presente mayor de edad no separado legalmente o de hecho.* ***2.º*** *Al hijo mayor de edad; si hubiese varios, serán preferidos los que convivían con el ausente y el mayor al menor.* ***3.º*** *Al ascendiente más próximo de menos edad de una u otra línea.* ***4.º*** *A los hermanos mayores de edad que hayan convivido familiarmente con el ausente, con preferencia del mayor sobre el menor. En defecto de las personas expresadas, corresponde en toda su extensión a la persona solvente de buenos antecedentes que el Secretario judicial, oído el Ministerio fiscal, designe a su prudente arbitrio". En el presente caso se ha acreditado que D. Y no tiene ni cónyuge ni hijos. A pesar de que vive su madre Dª A, no parece conveniente —tras oírla en declaración en el transcurso del expediente— que sea nombrada como la persona más idónea* *para representarle, al tratarse de una persona de edad avanzada con ciertos achaques físicos y psíquicos patentes para la cual sería seguramente muy gravoso el cargo. Parece más adecuada su hermana mayor de edad Dª F (con la que convivió familiarmente, según consta en el informe del Padrón de C), al efecto la promotora del expediente en el caso de autos.*

Cuarto.— *Las facultades que se confieren al representante del ausente son conforme al art. 185 del CC las de: "1.ª Inventariar los bienes muebles y describir los inmuebles de su representado. 2.ª Prestar la garantía que el Letrado de la Administración de Justicia prudencialmente fije. Quedan exceptuados los comprendidos en los números 1.º, 2.º y 3.º del artículo precedente. 3.ª Conservar y defender el patrimonio del ausente y obtener de sus bienes los rendimientos normales de que fueren susceptibles. 4.ª Ajustarse a las normas que en orden a la posesión y administración de los bienes del ausente se establecen en la Ley Procesal Civil. Serán aplicables a los representantes dativos del ausente, en cuanto se adapten a su especial representación, los preceptos que regulan el ejercicio de la tutela y las causas de inhabilidad, remoción y excusa del representante del ausente".*

Quinto.— *De conformidad a lo previsto en el art. 71.2 de la LJV y 185 del CC, procede la adopción de las siguientes medidas de fiscalización del representante del ausente:*

a) *Se impone al representante del ausente la obligación de emitir informe en el plazo de dos meses a partir de su aceptación del cargo al objeto de verificar la situación patrimonial y el estado de la administración de sus bienes.*

b) Al no ser el *representante del declarado ausente una de las personas a que se refiere el número 1, 2 y 3 del art. 184 del CC, es menester exigir al representante del ausente/curador Dª D ahora designada la constitución de fianza que asegure el cumplimiento de sus obligaciones, en la cuantía de 150 euros que podrá depositar en el plazo de diez días en cualquiera de las formas admitidas en derecho.*

c) *Se impone al representante del ausente ahora designado la obligación de formar contradictoriamente en el plazo de dos meses, el inventario de los bienes del ausente.*

Sexto.— *Dispone el art. 186 del CC que "Los representantes legítimos comprendidos en el número 4.º del expresado artículo disfrutarán, también, de la posesión temporal y harán suyos los frutos, rentas y aprovechamientos en la cuantía que el Secretario judicial señale, sin que en ningún caso puedan retener más de los dos tercios de los productos líquidos, reservándose el tercio restante para el ausente, o, en su caso, para sus herederos o causahabientes. Los poseedores temporales de los bienes del ausente no podrán venderlos, gravarlos, hipotecarlos o darlos en prenda, sino en caso de necesidad o utilidad evidente, reconocida y declarada por el Secretario judicial, quien, al autorizar dichos actos, determinará el empleo de la cantidad obtenida".*

Séptimo.— *Conforme a lo previsto en el art. 19.3 y 4 de la LJV una vez resuelto un expediente de jurisdicción voluntaria y una vez firme la resolución, no podrá iniciarse otro sobre idéntico objeto, salvo que cambien las circunstancias que dieron lugar a aquél. Lo allí decidido vinculará a cualquier otra actuación o expediente posterior que resulten conexos a aquél. Esto será de aplicación también respecto a los expedientes tramitados por Notarios y Registradores en aquellas materias cuyo conocimiento sea concurrente con el de los Letrados de la Administración de Justicia.*

La resolución de un expediente de jurisdicción voluntaria no impedirá la incoación de un proceso jurisdiccional posterior con el mismo objeto que aquél.

Octavo.— *Dada la materia objeto de este expediente no ha lugar a efectuar pronunciamiento en materia de costas procesales.*

Vistos los artículos citados y demás disposiciones de general aplicación

PARTE DISPOSITIVA

1) Acuerdo constituir la ausencia legal de D. Y nacido en Z en fecha G, hijo de Á y de B con domicilio en calle V de Z y DNI/NIF X.

2) Acuerdo designar como representante del mismo a su hermana Dª Z nacida en A en fecha X , hija de Á y de D con domicilio en calle X de Z y DNI/NIF X a quien se le notificará la presente resolución para que comparezca a este Juzgado en el plazo de DIEZ DÍAS, a aceptar y jurar el cargo para el que ha sido designado, manifestación de incompatibilidades y realización del encargo, para cuyo efecto se le facilitará una copia de la presente resolución y del acta de aceptación del cargo al objeto de que pueda llevar a cabo su función.

3) Acuerdo imponer al representante del ausente la obligación de emitir informe en el plazo de DOS MESES a partir de su aceptación del cargo al objeto de verificar la situación patrimonial y el estado de la administración de los bienes del ausente.

4) Acuerdo exigir al representante del ausente ahora designado la constitución de fianza que asegure el cumplimiento de sus obligaciones, en la cuantía de 150 euros que podrá depositar en el plazo de DIEZ DÍAS en cualquiera de las formas admitidas en derecho.

5) Se impone al representante del ausente la obligación de formar contradictoriamente en el plazo de DOS MESES, el inventario de los bienes del ausente.

6) Expídanse testimonio de la presente resolución a los efectos de su inscripción o anotación en el Registro Civil correspondiente

Firme que sea esta resolución archívense las presentes actuaciones previa nota de baja en los programas informáticos correspondientes de la oficina judicial y en libros de registro de asuntos civiles.

Notifíquese esta resolución a las partes personadas con instrucción de que, en el caso de estimarse perjudicadas por el contenido de la resolución, pueden interponer recurso de revisión en el plazo de cinco días hábiles, mediante escrito a presentar ante el Tribunal con expresión de la infracción en que la misma hubiere incurrido a juicio del recurrente.

Así lo acuerdo, decreto y firmo.

El Letrado de la Administración de Justicia

(Realizado sobre formulario Ed. Bosch)

Seguidamente se trae un caso de declaración de fallecimiento, consistente en la desaparición de una persona después de una fiesta, con Diligencias Previas penales abiertas:

F.4 MODELO DE DECRETO DECLARANDO EL FALLECIMIENTO

Normativa aplicable*: art. 74 la Ley 15/2015, de 2 de julio, de Jurisdicción Voluntaria (LJV).*

Supuesto de hecho: *el Letrado de la Administración de Justicia dicta resolución, en el ámbito de su competencia exclusiva en este expediente, declarando el fallecimiento de una persona de la que no se tiene noticias desde hace más de diez años*

JUZGADO DE PRIMERA INSTANCIA E INSTRUCCION

Procedimiento: Jurisdicción voluntaria. General [X00]

De: D/ña.

Contra: D/ña.

Procurador/a Sr/a.

DECRETO

LETRADO DE LA ADMINISTRACIÓN DE JUSTICIA D.

En X, a Y.

Vistos por Su Señoría el Sr. D. Letrado de la Administración de Justicia del Juzgado de Primera Instancia de los presentes autos de jurisdicción voluntaria DECLARACIÓN DE FALLECIMIENTO número en ejercicio de la petición de declaración de fallecimiento seguidos en este Juzgado a instancia de la Procuradora Dª en nombre y representación de Dª y en relación a D. con intervención del Ministerio Fiscal y que se han seguido con base en los siguientes:

ANTECEDENTES DE HECHO

PRIMERO. En fecha X la Procuradora Dª en nombre y presentó solicitud de jurisdicción voluntaria en petición de declaración de fallecimiento de D., que desapareció de la ciudad de X el, y sobre el que se instruyen en la actualidad Diligencias Previas en este mismo Juzgado de Primera Instancia e Instrucción. Se informa por los solicitantes que D. era soltero, no tenía descendencia y no había otorgado testamento.

SEGUNDO. En fecha X se dictó decreto de admisión del expediente de jurisdicción voluntaria en el que se acordaba la convocatoria al solicitante, a los interesados que consten identificados en la so-

licitud y al Ministerio Fiscal a una comparecencia que tuvo lugar finalmente en fecha X en este Juzgado. En la fecha inicialmente prevista (X) no compareció ningún interesado. También se acordó la publicación por edictos en el BOE (publicados el X y el X) y en el Ayuntamiento de Y, último domicilio del desaparecido. También se realizó consulta domiciliaria en el Punto Neutro Judicial por si constaba otro domicilio y se ofició a la Policía Local de Y para informe.

TERCERO. En la mencionada fecha de X se celebró la indicada comparecencia con la asistencia de todos los interesados y testigos propuestos, debidamente asistidos y representados, dando posteriormente traslado al Ministerio Fiscal del resultado de las mismas, quien informó por escrito de X

CUARTO. En la tramitación del presente pleito se han observado las prescripciones legales.

FUNDAMENTOS DE DERECHO

Primero.— Prevé el art.193 del CC que procede la declaración de fallecimiento: "Primero. Transcurridos diez años desde las últimas noticias habidas del ausente , o, a falta de éstas, desde su desaparición.

Segundo. Pasados cinco años desde las últimas noticias o, en defecto de éstas, desde su desaparición, si al expirar dicho plazo hubiere cumplido el ausente setenta y cinco años. Los plazos expresados se computarán desde la expiración del año natural en que se tuvieron las últimas noticias, o, en su defecto, del en que ocurrió la desaparición.

Tercero. Cumplido un año, contado de fecha a fecha, de un riesgo inminente de muerte por causa de violencia contra la vida, en que una persona se hubiese encontrado sin haberse tenido, con posterioridad a la violencia, noticias suyas. En caso de siniestro este plazo será de tres meses. Se presume la violencia si en una subversión de orden político o social hubiese desaparecido una persona sin volverse a tener noticias suyas durante el tiempo expresado, siempre que hayan pasado seis meses desde la cesación de la subversión".
Segundo.— En lo que se refiere a la tramitación y efectos de la declaración, dispone el art. 74.2 de la LJV que "la declaración de fallecimiento a que se refieren el artículo 193 y los apartados 1, 4 y 5 del artículo 194 del Código Civil podrá instarse por los interesados o por el Ministerio Fiscal, y se tramitará conforme a lo establecido en

este capítulo. El decreto que dicte el Letrado de la Administración de Justicia en estos casos declarará, si resulta acreditado, el cese de la situación de ausencia legal, si hubiera sido decretada previamente, y el fallecimiento de la persona expresando la fecha a partir de la cual se entienda sucedida la muerte. Firme la declaración de fallecimiento del ausente, se abrirá la sucesión en los bienes del mismo, procediéndose a su adjudicación por los trámites establecidos en la Ley de Enjuiciamiento Civil o extrajudicialmente, según los casos".

Tercero.— En el caso de autos, de los hechos alegados y la norma legal invocada procede la declaración legal de fallecimiento de X con los efectos legales inherentes con base al análisis de los siguientes aspectos:

1.º) En lo que se refiere a su situación de ***desaparición desde hace más de 10 años, se deduce de la documental aportada con la solicitud al efecto, y, en especial, las copias relativas a las Diligencias Previas abiertas en este Juzgado y sobre las que se siguen —a día de hoy— practicando pruebas, sin ningún resultado concluyente****. Por otra parte, los edictos acordados en el decreto de admisión fueron publicados dos veces, con intervalos de 8 días, de la forma establecida en a LEC, en el BOE (Publicado el X y el X), y en el tablón de anuncios del Ayuntamiento de Y, para que pudiera intervenir cualquiera que pudiera tener interés en la declaración de fallecimiento o pudiera aportar noticias al respecto, sin que haya comparecido ante este Juzgado ninguna persona en este tiempo. Con todos estos antecedentes, el Ministerio Fiscal no se opone a lo solicitado, en informe de X, por lo que interesa que se proceda a la declaración de fallecimiento de D. con todos los efectos.*

2.º) Se toma como fecha de la desaparición de D. y, por ende, de su fallecimiento legal, a los meros efectos ilustrativos y de probabilidad, la del día X (martes), según todos los indicios expresados tanto en este procedimiento como en los que constan en las Diligencias Previas que se tramitan en este Juzgado.

Cuarto.— En lo que se refiere a los efectos de la presente declaración, el art. 196 del CC prevé que firme la declaración de fallecimiento del ausente, se abrirá la sucesión en los bienes del mismo, procediéndose a su adjudicación conforme a lo dispuesto legalmente. Los herederos no podrán disponer a título gratuito hasta cinco años después de la declaración del fallecimiento. Hasta que transcurra este mismo plazo no serán entregados los legados, si los hubiese, ni tendrán derecho a exigirlos los legatarios, salvo las mandas piadosas en sufragio del alma del testador o los legados en favor de Instituciones de beneficencia. uno solo Será obligación ineludible de los sucesores, aunque por tratarse de no fuese necesaria partición, la de formar notarialmente un inventario detallado de los bienes muebles y una descripción de los inmuebles. Asimismo, el art. 197 del CC prevé al respecto que si después de la declaración de fallecimiento se presentase el ausente o se probase su existencia, recobrará sus bienes en el estado en que se encuentren y tendrá derecho al precio de los que se hubieran vendido, o a los bienes que con este precio se hayan adquirido; pero no podrá reclamar de sus sucesores rentas, frutos ni productos obtenidos con los bienes de su sucesión, sino desde el día de su presencia o de la declaración de no haber muerto.

Quinto.— Conforme a lo previsto en el art. 19.3 y 4 de la LJV una vez resuelto un expediente de jurisdicción voluntaria y una vez firme la resolución, no podrá iniciarse otro sobre idéntico objeto, salvo que cambien las circunstancias que dieron lugar a aquél. Lo allí decidido vinculará a cualquier otra actuación o expediente posterior que resulten conexos a aquél. Esto será de aplicación también respecto a los expedientes tramitados por Notarios y Registradores en aquellas materias cuyo conocimiento sea concurrente con el de los Letrados de la Administración de Justicia. La resolución de un expediente de jurisdicción voluntaria no impedirá la incoación de un proceso jurisdiccional posterior con el mismo objeto que aquél. Sexto.— Dada la materia objeto de este expediente no ha lugar a efectuar pronunciamiento en materia de costas procesales. Vistos los artículos citados y demás disposiciones de general aplicación.

PARTE DISPOSITIVA

1) Acuerdo declarar el fallecimiento legal de D., con DNI con efectos meramente ilustrativos y de probabilidad, desde el día X; desconociéndose también dónde se ha podido producir el fallecimiento, cuestiones que siguen siendo objeto de investigación en las Diligencias Previas —que tramita este mismo Juzgado—; si bien de la prueba practicada hasta el momento presente habrá que entender, a falta de más certezas, que pudo ser la localidad de Y.

2) Firme que sea la presente resolución, se abrirá la sucesión en los bienes del mismo, procediéndose a su adjudicación conforme a lo dispuesto legalmente, si bien los herederos no podrán disponer a título gratuito hasta cinco años después de la declaración del fallecimiento. Asimismo, hasta que transcurra este mismo plazo no serán entregados los legados, si los hubiese, ni tendrán derecho a exigirlos los legatarios, salvo las mandas piadosas en sufragio del alma del testador o los legados en favor de Instituciones de beneficencia. Se informa por los solicitantes que D. era soltero, no tenía descendencia y no había otorgado testamento.

3) Será obligación ineludible de los sucesores, la de formar notarialmente un inventario detallado de los bienes muebles y una descripción de los inmuebles.

4) En el caso de que después de la declaración de fallecimiento se presentase el ausente o se probase su existencia, recobrará sus bienes en el estado en que se encuentren y tendrá derecho al precio de los que se hubieran vendido, o a los bienes que con este precio se hayan adquirido; pero no podrá reclamar de sus sucesores rentas, frutos ni productos obtenidos con los bienes de su sucesión, sino desde el día de su presencia o de la declaración de no haber muerto.

5) Firme que sea esta resolución, archívense las presentes actuaciones previa nota de baja en los programas informáticos correspondientes de la oficina judicial. Quede el original en el Libro de Decretos definitivos de este Juzgado y testimonio en las actuaciones.

6) Expídanse testimonio de la presente resolución a los efectos de su inscripción o anotación en el Registro Civil correspondiente deY.

7) Notifíquese esta resolución a las partes personadas con instrucción de que, en el caso de estimarse perjudicadas por el contenido de la resolución, pueden interponer recurso de revisión en el plazo de cinco días hábiles, mediante escrito a presentar ante el Tribunal con expresión de la infracción en que la misma hubiere incurrido a juicio del recurrente. Así lo acuerdo, decreto y firmo.

El Letrado de la Administración de Justicia

(Realizado sobre formulario Ed. Bosch)

4. REFERENCIA AL PROCEDIMIENTO DE SEPARACIÓN Y DIVORCIO DE MUTUO ACUERDO

La separación y el divorcio de mutuo acuerdo, a pesar de que se regulan en la LEC, dentro de los procesos especiales de familia, tienen características de expedientes de Jurisdicción Voluntaria. Como se puede observar, no existe contienda y únicamente se solicita la homologación de un acuerdo (convenio regulador, pacto de convivencia familiar…) por parte del Juez (en el caso de que existan menores o discapacitados) o por parte del Letrado de la Administración de Justicia o Notario (cuando no hay descendencia o son mayores de edad o emancipados).

El art. 82 CC dispone que "*los cónyuges podrán acordar su separación de mutuo acuerdo transcurridos tres meses desde la celebración del matrimonio mediante la formulación de un convenio regulador ante el Letrado de la Administración de Justicia o en escritura pública ante Notario, en el que, junto a la voluntad inequívoca de separarse, determinarán las medidas que hayan de regular los efectos derivados de la separación en los términos establecidos en el artículo 90. Los funcionarios diplomáticos o consulares, en ejercicio de las funciones notariales que tienen atribuidas, no podrán autorizar la escritura pública de separación.*

Los cónyuges deberán intervenir en el otorgamiento de modo personal, sin perjuicio de que deban estar asistidos por Letrado en ejercicio, prestando su consentimiento ante el Letrado de la Administración o Notario. Igualmente los ***hijos mayores o menores*** **emancipados deberán otorgar el consentimiento ante el Letrado de la Administración de Justicia o Notario respecto de las medidas que les afecten por carecer de ingresos propios y convivir en el domicilio familiar.** *No será de aplicación lo dispuesto en este artículo cuando existan hijos menores no emancipados o con la capacidad modificada judicialmente que dependan de sus progenitores*".

Para el divorcio de mutuo acuerdo el art. 87 CC dispone que "*los cónyuges también podrán acordar su divorcio de mutuo acuerdo mediante la formulación de un convenio regulador ante el Secretario judicial o en escritura pública ante Notario, en la forma y con el contenido regula-*

do en el artículo 82, debiendo concurrir los mismos requisitos y circunstancias exigidas en él. Los funcionarios diplomáticos o consulares, en ejercicio de las funciones notariales que tienen atribuidas, no podrán autorizar la escritura pública de divorcio".

Es novedad muy destacable la atribución de la competencia judicial a Letrados de la Administración de Justicia y Notarios en régimen de alternatividad. Es decir, los ciudadanos pueden optar libremente por acudir al Juzgado o a la Notaría para separarse o divorciarse de mutuo acuerdo siempre que no haya menores o discapacitados involucrados. Téngase en cuenta que, en el Proyecto de 2013 sólo podían acudir al Notario, lo que fue ampliamente discutido en sede parlamentaria y gran parte de la doctrina lo rechazó, puesto que, aunque sigue siendo necesario acudir con Abogado y Procurador (o solo con Abogado en el caso notarial), dejar en manos exclusivas de los Notarios la materia habría sacado del ámbito judicial una actuación donde se entendía que los ciudadanos debían acudir sin necesidad de abonar aranceles notariales. Y, a pesar de que hubiese podido funcionar —si el legislador hubiese querido— la asistencia jurídica gratuita en el ámbito notarial, se entendió prudente hacer optar a los ciudadanos por seguir acudiendo al Juzgado para que le tramitase y resolviese el expediente el Letrado de la Administración de Justicia, fedatario público judicial.

También es interesante destacar en este expediente que, de acuerdo con los arts. 775 y 777 LEC, la posibilidad de tramitación y resolución del expediente se ha de entender extendida también a los procesos de modificación de medidas de mutuo acuerdo en los que ya no estén involucrados menores o discapacitados.

En cualquier caso, tanto en los supuestos de separación o divorcio de mutuo acuerdo como en los de modificación de medidas que estamos tratando en estas líneas, se ha de recabar el consentimiento de los mayores de edad que, por carecer de ingresos propios, no son independientes económicamente. Piénsese en todos los universitarios o estudiantes de Formación Profesional que siguen formándose y no han entrado en la vida laboral o, si lo han hecho, lo hacen de forma precaria. En estos supuestos la Ley obliga a los afectados (hijos mayores o menores emancipados que carecen de ingresos propios y conviven en el domicilio familiar) a otorgar el consentimiento respecto de las medidas que le afecten. Por ello, se debe oír en declaración a estas personas antes de resolver por Decreto (en el Juzgado) y, si se observa que pudiese producirse grave daño, aplicar el art. 777.10 LEC y que sea el Juez el que finalmente resuelva el asunto.

F.5 MODELO DE DECRETO ACORDANDO EL DIVORCIO DE MUTUO ACUERDO CON HIJOS MAYORES DE EDAD DEPENDIENTES ECONÓMICAMENTE

Normativa aplicable*: art. 777.10 de la Ley 1/2000, de 7 de enero, de Enjuiciamiento Civil (LEC). Art. 81.1.2º párrafo del Código Civil (CC).*

Supuesto de hecho: *el Letrado de la Administración de Justicia dicta resolución, en el ámbito de su competencia exclusiva en este expediente, declarando el divorcio de mutuo acuerdo de los cónyuges con hijos mayores de edad pero dependientes económicamente, valorando si éstos han prestado su consentimiento de manera libre y los pactos no son perjudiciales para ellos.*

DECRETO LETRADO DE LA ADMÓN. DE JUSTICIA

SR D./Dña. X

Lugar: Z

Fecha: X A

ANTECEDENTES DE HECHO

PRIMERO.— Mediante demanda, que por turno de reparto correspondió a este Juzgado, se formuló demanda de DIVORCIO DE MUTUO ACUERDO, solicitud, en base a los hechos que se expusieron, tras citar los fundamentos de derecho que estimó oportunos y relacionar el convenio que preceptivamente acompaña, terminó suplicando se le tuviera por parte, se admitiese a trámite la demanda y se dictase resolución conforme a sus pedimentos, cumpliéndose las prescripciones descritas en el art. 777 de la Ley de Enjuiciamiento Civil vigente.

SEGUNDO.— Admitida a trámite la demanda, se ha ratificado ambas partes en la misma y en el convenio regulador aportado, quedaron los autos pendientes de resolución.

TERCERO.— En la tramitación del presente procedimiento se han observado las prescripciones legales.

FUNDAMENTOS DE DERECHO

PRIMERO.— Reúne la demanda los requisitos exigidos por el artículo nº 777 de la Ley de Enjuiciamiento Civil y concordantes.

SEGUNDO.— El convenio suscrito por los cónyuges, aportado a los autos y ratificado ante Letrado de la Admón. de Justicia, conforme el art. 82.1. Código civil párrafo segundo "in fine" conforme la Ley 15/2015 de 2 de julio, procede ser aprobado al ajustarse al contenido exigido por el artículo 90 del Código Civil, al no estimarse gravemente perjudicial para ninguno de los cónyuges o contrarios a los principios de igualdad y orden público ni tampoco respecto de los hijos mayores de edad no independientes económicamente. Se ha escuchado a los dos hijos mayores de edad respecto del contenido del Convenio, en base a los art. 82.1.2º párrafo del CC para que se manifestasen en relación a las medidas que les afectaban por carecer de ingresos propios y convivir en el domicilio familiar. Respecto del hijo X, se le establece una pensión de alimentos que ha de ser abonada por el padre, fijada en 316 euros y no existiendo objeción por el beneficiario (la considera suficiente y adecuada), no queda más que aprobarse. Sin embargo, más dudas surgen en relación a la supresión total de pensión de alimentos por parte del padre a favor de la otra hija mayor de edad, Y, la cual acaba de terminar sus estudios de grado universitario y se encuentra, según refiere, realizando prácticas becada y a expensas de comenzar un máster en el próximo curso académico. Por lo que no parece que pueda considerarse, de las testificales practicadas, que sea totalmente independiente económicamente, pues se encuentra intentando comenzar su vida laboral, con toda la precariedad que eso supone en estos tiempos. ***La eliminación de dicha pensión, sin embargo, es acordada de mutuo acuerdo por ambos progenitores en el Convenio regulador que ha dado lugar a este procedimiento y no cabe, finalmente, considerar que el acuerdo es dañoso o***

gravemente perjudicial para la hija mayor porque es aceptada (no exenta de resignación) por la misma y entiende que, a través de los trabajos que le vayan saliendo y la ayuda de su madre (que la mantiene en casa) podrá salir adelante, sin contar con la pensión de alimentos del padre. *Por ello, ante la aquiescencia de la hija, no se puede considerar el daño o el perjuicio grave que obligaría a advertir a los otorgantes del convenio de ello y dar por terminado el procedimiento para después acudir al Juez para aprobación del Convenio, tal como dispone el 777.10 LEC.*

TERCERO.— No procede hacer especial declaración en cuanto a las costas procesales. Vistos los artículos citados y demás de general aplicación al caso.

PARTE DISPOSITIVA

Se estima la demanda de DIVORCIO DE MUTUO ACUERDO presentada por la representación procesal de D. X Y Dª Y. Aprobándose la propuesta de convenio regulador, de fecha Z, aportado al procedimiento en cuanto al contenido legalmente exigible, cuyo testimonio del mismo formará parte de la presente resolución. Sin hacer especial imposición de las costas procesales. Comuníquese la presente resolución al Registro Civil de X, lugar donde se encuentra inscrito el matrimonio de acuerdo con el art. 755 de la LEC para su anotación.

La presente resolución es firme al no constar la existencia de hijos menores o discapacitados y no ser parte el Ministerio Fiscal y al aprobarse en los términos propuestos por la parte, de conformidad con el art 777.8 de la LEC. Lo acuerdo y firmo. Doy fe. El/La Letrado/a de la Admón. de Justicia

(Realizado sobre formulario GESPRO, sistema de Gestión Procesal Comunidad de Madrid)

5. LA CONCILIACIÓN JUDICIAL Y EXTRAJUDICIAL

Por último, haremos referencia a la conciliación, que ha quedado como expediente judicial (tramitación y resolución ante el Letrado de la Administración de Justicia o Juez de Paz, arts. 139 a 148 LJV) y extrajudicial (tramitación-resolución ante Notario, arts. 81 a 83 LN y tramitación-resolución ante Registrador de la Propiedad, art. 103 bis LH).

Como destaca la STC de 17 de octubre de 2011 (**TOL2.269.012**), "*la conciliación preprocesal no persigue el ejercicio de jurisdicción en sentido estricto, esto es, que uno resuelva un determinado conflicto de intereses mediante la realización el derecho objetivo, sino sólo que se propicien las condiciones para una comunicación directa entre las partes, encaminada a facilitar un acuerdo entre ellas*". Así lo refleja el art. 139.1 LJV, que establece como finalidad esencial, la de "alcanzar un acuerdo con el fin de evitar un pleito".

Como recuerda el auto de la Audiencia Provincial de Barcelona de 3 de febrero de 2021 (**TOL8.352.273**) "*no se está, pues, aún ante una demanda, ante unas partes ni, propiamente, ante un litigio o pleito, de modo que no resulta aplicable lo dispuesto en el art. 411 LEC sobre la perpetuatio iurisdictionis*". Este asunto trataba sobre la competencia objetiva del Juzgado de Primera Instancia o del Mercantil para conocer de un asunto sobre materia de competencia desleal, junto con otras acciones. La Audiencia declara al Juzgado de Primera Instancia competente pues el conciliante renunció a la petición subsidiaria sobre que "la resolución unilateral constituye un acto de competencia desleal", por lo que esa renuncia implicaba la competencia del Juzgado de Primera Instancia en lugar del Mercantil.

El expediente de conciliación tomará, de forma absoluta, un total protagonismo si se llega a aprobar en algún momento el la Ley de Eficiencia Procesal. Forma parte de los denominados "MASC" (Medios adecuados de solución de controversias) y, en concreto, la conciliación judicial puede llegar a ser el medio gratuito más común para solventar el requisito de procedibilidad que quiere exigir esta Ley para poder presentar la inmensa mayoría de los procedimientos civiles. Por lo que, si se llegase a aprobar esta Ley, este expediente de Jurisdicción Voluntaria comenzaría a resurgir, aunque tenga que ser de manera forzosa.

Los expedientes de conciliación pueden dar lugar a demandas ejecutivas (es título ejecutivo del 517.2.9º LEC): he aquí un modelo extractado, que se debería completar con cuestiones genéricas y específicas sobre ejecución de título judicial o resolución procesal pero que refleja las especialidades de un expediente de conciliación:

F.6 MODELO DE DEMANDA EJECUTIVA DERIVADA DE DECRETO DE CONCILIACIÓN CON AVENIENCIA

Normativa aplicable: *art. 147 la Ley 15/2015, de 2 de julio, de Jurisdicción Voluntaria (LJV). Art. 517.2.9º de la Ley 1/2000, de 7 de enero, de Enjuiciamiento Civil.*

Supuesto de hecho: *se presenta ejecución de títulos judiciales cuyo título es una resolución procesal directamente ejecutable en base al art. 517.2.9º, el acuerdo al que se ha llegado en una conciliación con avenencia.*

AL JUZGADO DE PRIMERA INSTANCIA NÚMERO X

D. X, procurador/a de los Tribunales, actuando en nombre y representación de D Y , según resulta acreditado en las actuaciones arriba referenciadas, bajo la dirección letrada de D Z ante este juzgado comparezco y como mejor proceda en Derecho,

DIGO:

Que, por medio del presente escrito, y en la invocada representación, conforme a lo dispuesto en los artículos 22 y 147 de la Ley 15/2015, de 2 de julio, de Jurisdicción Voluntaria, en relación con los artículos 517, 538 y siguientes de la Ley 1/2000, de 7 de enero, de Enjuiciamiento Civil, formulo DEMANDA DE EJECUCIÓN de AVENENCIA alcanzada en ACTO DE CONCILIACIÓN contra D. Q, cuyos datos personales constan en los indicados autos, al objeto de que previa la tramitación legal oportuna sea dictado auto despachando orden general de ejecución y el despacho de la misma contra aquel. Basando la presente demanda en los siguientes,

HECHOS

(…)

CUARTO.— Que llegada la fecha señalada para ello tuvo lugar el acto de conciliación en el que, con asistencia de las partes y ante el letrado de la Administración de Justicia, la conciliada ahora ejecutada ***se avino a reconocer la certeza y veracidad de los hechos expuesto por esta representación procesal, la existencia y cuantía de la deuda líquida, vencida y determinada que le resultaba exigible, comprometiéndose al abono de dicha cantidad en el plazo del mes siguiente a la celebración del acto de conciliación****, según obra en el acta del acto de conciliación y en el decreto dictado por el letrado de la Administración de Justicia, ambos de fecha Z*

FUNDAMENTOS DE DERECHO

PRIMERO.— COMPETENCIA Conforme a lo dispuesto en el artículo 147 apartado 2 de la Ley 15/2015, de 2 de julio, de Jurisdicción Voluntaria, será competente para la ejecución de la avenencia alcanzada por las partes el mismo juzgado que tramitó la conciliación cuando se trate de asuntos de la competencia del propio juzgado.

SEGUNDO.— PROCEDIMIENTO El artículo 147 apartado 3 de la Ley 15/2015, de 2 de julio, de Jurisdicción Voluntaria, determina que la ejecución se llevará a cabo conforme a lo dispuesto en la Ley 1/2000, de 7 de enero, de Enjuiciamiento Civil, para la ejecución de sentencias y convenios judicialmente aprobados. Procede la aplicación de las disposiciones generales contenidas en los artículos 538 y siguientes de la Ley 1/2000, de 7 de enero, de Enjuiciamiento Civil, relativos a la ejecución forzosa, con las especialidades previstas en los artículos 571 y siguientes del mismo cuerpo legal en cuanto a la ejecución dineraria.

(...)

CUARTO.— TÍTULO EJECUTIVO Según lo dispuesto en el artículo 517 de la Ley 1/2000, de 7 de febrero, de Enjuiciamiento Civil, la acción ejecutiva deberá fundarse en un título que tenga aparejada ejecución, pudiendo promoverse la ejecución forzosa de aquellas resoluciones procesales y documentos tículo 517 apartado 2 ordinal 9.º de la Ley 1/2000, de 7 de febrero, de Enjuiciamiento Civil. A los efectos previstos en el antedicho precepto, el artículo 147 apartado 1 de la Ley 15/2015, de 2 de julio, de Jurisdicción Voluntaria, establece que el testimonio del acta correspondiente a la conciliación junto con el decreto del letrado de la Administración de Justicia haciendo cons-

tar la avenencia de las partes en el acto de conciliación llevará aparejada ejecución. En el presente supuesto, el título ejecutivo que cumple los requisitos exigidos legalmente para el despacho de ejecución viene conformado por el acta del acto de conciliación y por el decreto dictado por el letrado de la Administración de Justicia, ambos de fecha Z. Conforme a lo dispuesto en el artículo 550 apartado 1 ordinal 1.º de la Ley 1/2000, de 7 de febrero, de Enjuiciamiento Civil, no se acompaña a la presente demanda ejecutiva testimonio del acta de la conciliación ni del decreto dictado por el letrado de la Administración de Justicia al obrar los mismos incorporados a las actuaciones.

(…)

SUPLICO

(…)

(Realizado sobre formulario Ed. Colex)

Por último, el expediente de conciliación no permite que se le presente una declinatoria, por ejemplo. Lo impide el art. 140.2 LJV. Como en este supuesto:

F.7 MODELO DE DECRETO ARCHIVANDO UNA CONCILIACIÓN POR PLANTEAMIENTO DE DECLINATORIA

Normativa aplicable: *art. 140.2 de la Ley 15/2015, de 2 de julio, de Jurisdicción Voluntaria (LJV). Arts. 63 a 65 Ley 1/2000, de 7 de enero, de Enjuiciamiento Civil (LEC).*

Supuesto de hecho: *el Letrado de la Administración de Justicia dicta resolución, en el ámbito de su competencia exclusiva en este expediente, declarando el archivo del mismo dada la falta de voluntad de llegar a un acuerdo del conciliado planteando cuestiones de competencia.*

DECRETO

LETRADO DE LA ADMINISTRACIÓN DE JUSTICIA QUE LO DICTA: D.

ANTECEDENTES DE HECHO

PRIMERO.— En este Tribunal se recibió demanda sucinta solicitando se intentase acto de conciliación entre D X y D! Y. Se admitió la petición, se señaló día para la conciliación y se procedió a la citación de las partes.

SEGUNDO.— En fecha X se presentó por la parte demandada escrito solicitando dar por terminado el presente procedimiento por falta de competencia territorial.

FUNDAMENTOS DE DERECHO

ÚNICO.— Establece el art 140.2 de la LJV " si se suscitasen cuestiones de competencia del Juzgado (...) se tendrá por intentada la comparecencia sin más trámites".

La Ley de Jurisdicción Voluntaria prevé dicho archivo y solución drástica puesto que cualquier actuación tendente a entorpecer su normal tramitación o cuestión de competencia puede interpretarse como un síntoma de la falta de voluntad de llegar a un acuerdo, sin que sea necesario, de acuerdo con la propia Ley de Jurisdicción Voluntaria, tramitar la declinatoria presentada.

PARTE DISPOSITIVA

ACUERDO.

El archivo del presente procedimiento.

(Realizado sobre formulario GESPRO, sistema de gestión procesal de la Comunidad de Madrid)

El mismo caso puede darse cuando el conciliando presenta solicitud de justicia gratuita. Si su voluntad fuese avenirse a la papeleta, no es precisa la intervención de Abogado y Procurador, por lo que deviene innecesario y es un síntoma de su falta de voluntad de llegar a un acuerdo.

6. RESUMEN DE ASUNCIÓN DE COMPETENCIAS ENTRE LOS DISTINTOS OPERADORES JURÍDICOS

En conclusión, los Notarios han asumido competencias en expedientes de Jurisdicción Voluntaria como: monitorio notarial, expediente matrimonial, conciliación (de manera alternativa), y otros como la declaración de herederos abintestato en todo tipo de supuestos y expedientes de dominio (de manera exclusiva). Por su parte, los Registradores han asumido competencias en conciliación (de modo alternativo) y en el expediente de inmatriculación de fincas no inscritas (de forma exclusiva).

Parte III
La aplicación práctica de los expedientes más comunes en los juzgados civiles

1. EL EXPEDIENTE DE DEFENSOR JUDICIAL

Contenido en el Capítulo 2 del Título II de la LJV se encuentra el expediente de Defensor Judicial (arts. 27 a 32).

Es un expediente que, en la mayoría de la ocasiones aparece como pieza separada dimanante de un expediente principal, como es el caso del de Provisión de Medidas de apoyo del art. 42 bis a) de la LJV. Se suele utilizar para salvar el conflicto de intereses que puede tener el Ministerio Fiscal cuando es el demandante del expediente. En ese caso, no puede ser, a la vez demandante y defensor judicial, pues esto iría en contra del principio de contradicción, por mucho que estemos ante un expediente de Jurisdicción Voluntaria en el que puede que no exista contienda. Pero una forma de garantizar el principio de igualdad de armas consiste en el nombramiento de un defensor judicial que lo garantice. Se suele nombrar a un familiar o amigo del discapacitado o de la familia, que en la mayoría de los casos es propuesto —en la práctica— por el propio Ministerio Fiscal. Otro supuesto en el que aparece el defensor judicial suele ser el del expediente de aprobación de herencia (arts. 93 y 94 LJV) cuando existe un conflicto de intereses entre el hijo menor que debe aceptar la herencia en concurrencia con el progenitor superviviente. En este caso también se nombra un defensor judicial que vele por los intereses del menor.

En cuanto al nombramiento del defensor, las posibilidades son abiertas. Así, como dejó establecido la **STS de 8 de noviembre de 2017** (**TOL6.427.812**), el Juez (actualmente el Letrado de la Administración de Justicia) debe atender al interés superior menor/discapacitado, no exigiéndose motivación alguna, pues en cada caso debe escoger atendiendo a las circunstancias, amplitud y disponibilidad del círculo de personas cercanas al menor o discapacitado.

F.8 MODELO DE DEMANDA DE NOMBRAMIENTO DE DEFENSOR JUDICIAL

Normativa aplicable: *arts. 27 a 29 la Ley 15/2015, de 2 de julio, de Jurisdicción Voluntaria (LJV).*

Supuesto de hecho: *se solicita nombramiento de defensor judicial en expediente de cuestiones hereditarias para salvar conflicto de intereses entre curador y curatelado.*

D. Procurador de los Tribunales, en nombre y representación de Doña, según se acredita mediante certificado de apoderamiento digital que se acompaña a la presente solicitud como documento número uno, bajo la dirección letrada de D., colegiado ICAM, como mejor proceda en Derecho DIGO:

Que en la representación acreditada promuevo expediente de jurisdicción voluntaria, en solicitud de NOMBRAMIENTO DE DEFENSOR JUDICIAL, para el hermano de mi representada D., mayor de edad y domicilio en base a los siguientes:

HECHOS

PRIMERO.— Que la madre de mi mandante falleció en X el día sin otorgar testamento, habiendo promovido mi mandante la oportuna declaración notarial de herederos ab intestado, en la que se declaró como herederos de la fallecida a sus cuatro hijos. Se acredita este extremo con copia del documento notarial de declaración de herederos que se acompaña, como documento número dos.

SEGUNDO.— Mi representada tiene tres hermanos, este último con una discapacidad del 79%, el cual reside en el domicilio familiar junto con su padre y uno de sus hermanos. Se acompaña copia del libro de familia y DNI de la totalidad de los miembros de la familia, como documentos tres y cuatro, respectivamente.

TERCERO.— El hermano de mi mandante, tal como hemos indicado en el párrafo precedente, tiene su residencia habitual en el domicilio familiar situado en C/ de la localidad de, residiendo en la misma junto con su padre y hermano. Se acompaña certificado de empadronamiento colectivo, que acredita tal extremo con documento número cinco de la presente demanda.

CUARTO.— Que con fecha 17 de febrero de 2022, se presentó por parte de mi representada, demanda de adopción de medidas de apoyo a favor de su hermano, habiendo recaído la misma en el Juzgado de Primera Instancia de con número…

En dicho procedimiento y a pesar de que tanto en el reconocimiento judicial como en el forense se concluyó que X presentaba una discapacidad severa e irreversible, el Ministerio Fiscal no consideró necesaria la adopción de medida de apoyo alguna, entendiendo que, habida cuenta que vive con su familia y que no presenta conflicto de intereses, la guarda de hecho que venían ostentando los familiares es la situación que debe mantenerse, por lo que el procedimiento terminó sin adoptar medida de apoyo alguna. Se acompaña copia de la misma como documento número seis.

QUINTO.— Que siendo necesario llevar a cabo las pertinentes operaciones de partición y aceptación de la herencia de Y, se solicita el nombramiento de defensor judicial habida cuenta del conflicto de intereses que podría presentar X con el resto de sus hermanos. Para dicho fin, se propone de conformidad con el art 295 del CC, a un amigo y vecino de la familia, D.Z, con domicilio, que ofrece las debidas garantías morales para velar por los intereses del discapacitado y se compromete a aceptar el cargo y cumplirlo con lealtad. Se acompaña copia de su DNI como documento número 7.

A los anteriores hechos resultan de aplicación los siguientes

FUNDAMENTOS DE DERECHO

PRIMERO. COMPETENCIA.— La competencia objetiva y funcional viene atribuida al Juzgado de Primera Instancia que por turno corresponda.

Por lo que respecta a la competencia territorial el art 28 de la LJV señala:" Será competente para el conocimiento de este expediente el Secretario judicial del Juzgado de Primera Instancia del domicilio o, en su defecto, de la residencia del menor o persona con discapa-

cidad o, en su caso, aquél correspondiente al Juzgado de Primera Instancia que esté conociendo del asunto que exija el nombramiento de defensor judicial".

SEGUNDO. LEGITIMACIÓN.— Está legitimado activamente la promotora del expediente conforme a lo establecido en el párrafo tercero del art. 295 CC: "se nombrará un defensor judicial de las personas con discapacidad en los casos siguientes: 2º cuando exista conflicto de intereses entre la persona con discapacidad y la que haya de prestarle apoyo".

TERCERO. PROCEDIMIENTO. El establecido en los art. 27 a 32 de la mencionada Ley de Jurisdicción Voluntaria.

CUARTO. INTERVENCIÓN DEL MINISTERIO FISCAL. De acuerdo con la prescripción que hace el artículo 30 de la LJV se oirá al Ministerio Fiscal, junto con el resto de interesados en el presente expediente.

Por lo expuesto,

SUPLICO AL ILTRE. SR. LETRADO DE LA ADMINISTRACIÓN DE JUSTICIA que teniendo por presentado este escrito junto con los documentos que se acompañan, se sirva admitirlo y, en su virtud , se tenga por incoado expediente de nombramiento de defensor judicial y, en su día, previa audiencia del Ministerio Fiscal, dicte decreto por el que se acuerde el referido nombramiento de defensor judicial en la persona de J para el discapacitado X a los fines de llevar a cabo las operaciones particionales del patrimonio de la madre de mi representada, expidiéndose testimonio del decreto que se dicte, con expresión de su firmeza.

OTROSÍ DIGO se ofrece información testifical con objeto de justificar los extremos señalados en este escrito y, para ello, deberán ser examinados los hermanos del discapacitado, así como su padre

SUPLICO AL JUZGADO se admita la información testifical y se señale día y hora para llevarla a efecto.

Por ser de hacer en Justicia que reitero en X a fecha.

(Realizado sobre formulario Ed. Colex)

2. EL EXPEDIENTE DE ADOPCIÓN

Otro expediente de interés que se ve con cierta frecuencia es el de Adopción, que se regula en los arts. 33 a 42 de la LJV y arts. 175 a 180 del CC.

A pesar de lo establecido en la Ley, en muchos Juzgados no se realiza vista sino que se toman comparecencias individuales a los distintos intervinientes (adoptante, adoptado si es mayor de 12 años o tiene suficiente juicio, cónyuge del adoptante, progenitor biológico, testigos…). Uno de los casos más comunes es el de la adopción del hijo de la pareja por el cónyuge, ya sea mayor de edad o menor de edad. Uno de los problemas más frecuentes que nos encontramos en los Juzgados consiste en localizar al progenitor biológico para recabarle su testimonio a efectos de simplemente oírle, pero en muchas ocasiones es muy difícil localizarle si la familia no tiene datos del mismo ya sea porque ha perdido el contacto, porque se encuentra en el extranjero o porque, simplemente, no se sabe ni quién es (casos de madres que sólo inscribieron al hijo con sus apellidos en su momento). En todos estos supuestos muchas veces no se puede realizar el trámite, aunque el Ministerio Fiscal frecuentemente no informa favorablemente a la adopción si no se han agotado los medios de investigación para localizarle. En cuanto a que se encuentre en el extranjero, en ocasiones, con los medios que existen hoy día, en lugar de realizar comisiones rogatorias y tratándose de un expediente de Jurisdicción Voluntaria, puede plantearse comunicarse con el progenitor biológico vía telemática (a través de aplicaciones como Zoom, Whatsapp…) si se dan ciertas garantías, como mostrar el documento a cámara y enviar una copia del mismo por correo electrónico, siempre bajo la fe pública del Letrado de la administración de Justicia.

F.9 MODELO DE DEMANDA DE ADOPCIÓN DE MAYOR DE EDAD

Normativa aplicable: *arts. 33 a 40 la Ley 15/2015, de 2 de julio, de Jurisdicción Voluntaria (LJV). Art. 175.2 del Código Civil (CC),*

Supuesto de hecho: *se solicita se apruebe la adopción de una persona mayor de edad por un adoptante con el que ha convivido ampliamente y que es considerado, a todos los efectos, su progenitor.*

AL JUZGADO DE PRIMERA INSTANCIA DE X

D./D.ª X mayor de edad, con domicilio en Z con DNI número Y ante este juzgado comparezco y como mejor proceda en Derecho,

DIGO

Mediante el presente escrito formulo SOLICITUD DE ADOPCIÓN con relación al mayor de edad D./D.ª Y al amparo de los artículos 33 y siguientes de la Ley 15/2015, de 2 de julio, de la Jurisdicción Voluntaria (LJV) y en base a los siguientes,

HECHOS

PRIMERO.— Presento esta solicitud de adopción de D./D.ª Y , mayor de edad, con DNI Z y dirección en Y. Las edades del adoptante y adoptando son Y y Z por lo que se cumplen los requisitos de edad establecidos en el artículo 175 del Código Civil. Se acompañan como documentos certificados de nacimiento de adoptante y adoptando, respectivamente.

SEGUNDO.— A este respecto, y tal y como refleja el apartado 2 del artículo 177 del CC deberá asentir en la adopción. 1.º El cónyuge o persona unida al adoptante por análoga relación de afectividad a la conyugal salvo que medie separación o divorcio legal o ruptura de la pareja que conste fehacientemente, excepto en los supuestos en los que la adopción se vaya a formalizar de forma conjunta. 2.º Los progenitores del adoptando que no se hallare emancipado, a menos que estuvieran privados de la patria potestad por sentencia firme o incursos en causa legal para tal privación. Esta situación solo podrá apreciarse en el procedimiento judicial contradictorio que se tramitará conforme a la Ley de Enjuiciamiento Civil. — En el caso concreto (se dan o no las circunstancias).

CUARTO.— En el caso concreto, y tal y como reza el apartado del antedicho artículo 177 del Código Civil, deberá ser oído Z

QUINTO.— No es requisito la propuesta previa de la entidad pública a favor del adoptante al ser el adoptando mayor de edad.

SEXTO.— Una vez producida la adopción, se interesa el cambio de los apellidos del adoptando puesto que la voluntad entre adoptante y adoptando dado el tiempo y lugar de convivencia y los aspectos personales, familiares, sociales o del CCen virtud de lo expuesto en el artículo 109 CC, así como en el artículo 201 del Reglamento del Registro Civil.

A los anteriores hechos les son de aplicación los siguientes,

FUNDAMENTOS DEL DERECHO

PRIMERO. JURISDICCIÓN Y COMPETENCIA.— De aplicación los artículos 36 y concordantes de la LEC, siendo competente este Tribunal de conformidad con lo establecido en los artículos 10 y 33 de la Ley 15/2015, de 2 de julio, de Jurisdicción Voluntaria (LJV).

SEGUNDO. CAPACIDAD Y LEGITIMACIÓN.— Ostento la capacidad procesal necesaria conforme a lo establecido en los artículos 6 y siguientes de la Ley de Enjuiciamiento Civil, y me encuentra legitimado de conformidad con lo reflejado en el artículo 35 apartado 1 de la Ley de Jurisdicción Voluntaria (LJV), con relación al artículo 176 apartado 2 del Código Civil.

TERCERO. REPRESENTACIÓN.— No es preceptiva la asistencia de abogado y procurador conforme lo establecido en el artículo 34 apartado 2 de la LJV.

CUARTO. INTERVENCIÓN DEL MINISTERIO FISCAL.— El presente expediente se practicará con intervención del Ministerio Fiscal, de conformidad con lo dispuesto en el artículo 34 apartado 1 y artículo 4 de la LJV.

QUINTO. PROCEDIMIENTO. CARÁCTER PREFERENTE.— Se tramitará de conformidad con lo dispuesto en los artículos 33 y siguientes de la LJV en concordancia con lo dispuesto en el Código Civil, concretamente los artículos 175 a 180. Es de tramitación preferente de conformidad con lo dispuesto en el artículo 34 de la LJV en su apartado 1.

SEXTO. FONDO DEL ASUNTO. NORMA APLICABLE — Artículo 175 del Código Civil: «1. La adopción requiere que el adoptante sea mayor de veinticinco años. Si son dos los adoptantes bastará con que uno de ellos haya alcanzado dicha edad. En todo caso, la diferencia de edad entre adoptante y adoptando será de, al menos, dieciséis años y no podrá ser superior a cuarenta y cinco años, salvo en los casos previstos en el artículo 176.2. Cuando fueran dos los adoptantes, será suficiente con que uno de ellos no tenga esa diferencia máxima de edad con el adoptando (...)». — Se dan en este caso los requisitos de edad, máxime teniendo en consideración que nos encontramos ante uno de los supuestos del apartado 2 del artículo 176 del CC, el cual indica que: «(...) para iniciar el expediente de adopción será necesaria la propuesta previa de la Entidad Pública a favor del adoptante o adoptantes que dicha Entidad Pública haya declarado idóneos para el ejercicio de la patria potestad. La declaración de idoneidad deberá ser previa a la propuesta. No obstante, no se requerirá tal propuesta cuando en el adoptando concurra alguna de las circunstancias siguientes: 1.ª Ser huérfano y pariente del adoptante en tercer grado por consanguinidad o afinidad. 2.ª Ser hijo del cónyuge o de la persona unida al adoptante por análoga relación de afectividad a la conyugal 3.ª Llevar más de un año en guarda con fines de adopción o haber estado bajo tutela del adoptante por el mismo tiempo. 4.ª Ser mayor de edad o menor emancipado».— Continúa el meritado precepto, 175: «No pueden ser adoptantes los que no puedan ser tutores de acuerdo con lo previsto en este código. 2. Únicamente podrán ser adoptados los menores no emancipados. Por excepción, será posible la adopción de un mayor de edad o de un menor emancipado cuando, inmediatamente antes de la emancipación, hubiere existido una situación de acogimiento con los futuros adoptantes o de convivencia estable con ellos de, al menos, un año. 3. No puede adoptarse: 1.º A un descendiente. 2.º A un pariente en segundo grado de la línea colateral por consanguinidad o afinidad. 3.º A un pupilo por su tutor hasta que haya sido aprobada definitivamente la cuenta general justificada de la tutela. 4. Nadie podrá ser adoptado por más de una persona, salvo que la adopción se realice conjunta o sucesivamente por ambos cónyuges (...)».— Se dan también estas condiciones, al no existir impedimento alguno de los expuestos. —Artículo 177 del Código Civil, que en su apartado 1 indica que «Habrán de consentir la adopción, en presencia del Juez, el adoptante o adoptantes y el adoptando mayor de doce años».

De conformidad con lo dispuesto en los apartados 2 y 3 del artículo 177 del Código Civil, deberán asentir y/o ser oídos — Decreto de 14 de noviembre de 1958 por el que se aprueba el Reglamento de la Ley del Registro Civil, artículo 201: «El adoptado en forma plena por una sola persona tendrá por su orden los apellidos del adoptante. Se exceptúan el caso en que uno de los cónyuges adopte al hijo de su consorte, aunque haya fallecido, y aquél en que la única adoptante sea mujer. En este último supuesto podrá invertirse el orden con el consentimiento de la adoptante y del adoptado si es mayor de edad, sin perjuicio de lo dispuesto en el artículo 207».

Por todo lo expuesto,

SUPLICO AL JUZGADO: Tenga por presentado este escrito con sus copias y documentación adjunta, los admita, les de la tramitación legal pertinente, y, tras proceder a la manifestación de nuestro consentimiento en presencia del juez, se dicte auto por el que resuelva el expediente CONCEDIÉNDOSE LA ADOPCIÓN DE X, procediendo al cambio de los apellidos del mismo en Z con todo lo demás que sea procedente en derecho.

Y una vez firme la resolución, remítase testimonio de la misma al Registro Civil de F para que practique su inscripción con todo lo demás que sea procedente en Derecho. Por ser de justicia en X, a [

PRIMER OTROSÍ DIGO: a efectos de prueba testifical, se interesa por esta parte la citación de:

SUPLICO AL JUZGADO: Que tenga por interesada la prueba solicitada, procediendo a la citación judicial de los testigos indicados.

SEGUNDO OTROSÍ DIGO: siendo intención de esta parte cumplir con todos los requisitos legales, a tenor de lo previsto en el artículo 231 de la Ley de Enjuiciamiento Civil, se solicita se le diere traslado de cualquier defecto que adoleciere la presente demanda, para la inmediata subsanación de la misma. SUPLICO AL JUZGADO: Tenga por efectuada la anterior manifestación a los efectos oportunos. Por ser de Justicia, fecha y lugar ut supra. FIRMADO

(Realizado sobre formulario Ed. Colex)

3. EL EXPEDIENTE DE EXCUSA O REMOCIÓN DE TUTELA O CURATELA.

Destacaremos también el expediente de excusa o remoción de tutela (arts. 50 y 49 LJV, respectivamente). Parece cuestionable que haya que realizar una comparecencia ante el Juez en este expediente para que luego, si hay oposición, deba decidir otra vez el Juez. La práctica real, sin embargo, suele consistir en comparecencias ante el Letrado de la Administración de Justicia que, si no existe oposición, y previo traslado al Ministerio Fiscal para informe, den lugar al auto judicial. En el caso de la excusa, en ocasiones puede darse como una pieza separada del expediente de revisión de medidas de apoyo (art 42 bis c) LJV), aprovechando el citado expediente para que un curador ya mayor o que no se hace bien con los cuidados del curatelado pueda aprovechar la revisión para excusarse. Por ello, uno de los objetivos principales del expediente de revisión suele ser, además de comprobar el estado del curatelado, la disposición del curador para seguir siéndolo.

4. EL EXPEDIENTE DE GASTOS EXTRAORDINARIOS DEL TUTOR O CURADOR.

Relevante, a partir de la entrada en vigor de la Ley 8/2021 es la regulación de los gastos extraordinarios del curador. La disposición transitoria tercera de la Ley 8/2021 establece que "*los poderes y mandatos preventivos otorgados con anterioridad a la entrada en vigor de la presente Ley quedarán sujetos a esta. No obstante, cuando, en virtud del artículo 259, se apliquen al apoderado las reglas establecidas para la curatela, quedarán excluidas las correspondientes a los artículos 284 a 290 del Código Civil.* Así, los poderes anteriores a la entrada en vigor sí se remiten a las normas de la curatela, pero queda siempre excluida la autorización judicial del artículo 287 CC (Goma Lanzón). Sin embargo, respecto de los poderes preventivos otorgados tras la entrada en vigor de la ley —es decir, desde el día 3 de septiembre de 2021, inclusive— habrá que estar siempre atento respecto de su ejercicio a que el apoderado manifieste al menos o incluso acredite como proceda que el poderdante no se encuentra en situación de “necesidad de apoyo”. Porque, si así fuera, y salvo que se excluya expresamente en el propio poder, habrá de aportarse la autorización judicial en los casos que corresponda por aplicación de las normas de la curatela. Cuando la persona otorgante quiera modificarlos o completarlos, el Notario, en el cumplimiento de sus funciones -si fuera necesario- habrá de procurar que aquella desarrolle su propio proceso de toma de decisiones ayudándole en su comprensión y razonamiento y facilitando que pueda expresar su voluntad, deseos y preferencias.

Como dice Goma Lanzón, cuando el poder contenga cláusula de subsistencia para el caso de que el poderdante precise apoyo en el ejercicio de su capacidad o se conceda solo para ese supuesto, y en ambos casos, comprenda todos los negocios del otorgante, el apoderado, sobrevenida la situación de necesidad de apoyo, quedará sujeto a las reglas aplicables a la curatela en todo aquello no previsto en el poder, salvo que el poderdante haya determinado otra cosa.

Es corriente que el poder preventivo sea un poder general, así que si surge la necesidad de apoyo, al remitirse con carácter general a las reglas de la curatela, significaría la aplicación del art. 287 CC. El apoderado necesitaría autorización judicial para muchas cosas. Así, más que proteger al poderdante puede constituir una traba ya que la autorización judicial conlleva gastos injustificados porque el apoderado casi siempre pretende el bienestar del poderdante. Así, lo mejor sería excluir esta aplicación supletoria de las normas de la curatela del propio poder.

La principal característica del poder preventivo es que subsiste y sigue siendo eficaz en el caso de que la persona que lo otorgue necesite medidas de apoyo.

F.10 MODELO DE DEMANDA DE AUTORIZACIÓN DE GASTOS EXTRAORDINARIOS POR EL CURADOR

Normativa aplicable: *arts. 63 a 66 la Ley 15/2015, de 2 de julio, de Jurisdicción Voluntaria (LJV). Arts. 287 y 282 del Código Civil (CC).*

Supuesto de hecho: *el curador solicita al Juzgado la autorización para realizar algún gasto extraordinario de los previstos en el art. 287 CC, como modo de control y protección del curatelado.*

DIGO

Mediante el presente escrito y por interesar al derecho de la persona que precisa de apoyo, D, se solicita AUTORIZACIÓN JUDICIAL PARA REALIZAR GASTOS EXTRAORDINARIOS, todo ello conforme al art. 287 apartado 6 CC y con base a los siguientes,

(…).

RAZONAMIENTOS JURÍDICOS

Entran en juego el art. 282 CC en cuanto que el curador ha de asistir a la persona a la que preste apoyo en el ejercicio de su capacidad jurídica respetando su voluntad, deseos y preferencias y el apartado 6 del art. 287 CC, donde se dice que el curador que ejerza funciones de representación de la persona que precisa e apoyo necesita autorización judicial para los actos que determine la resolución y, en concreto: 6º HACER GASTOS extraordinarios en los bienes de la persona que presta apoyo.

Procesalmente hay que referirse a los arts. 61 a 65 de la LJV diciendo el art. 63.1 que "en la solicitud deberá expresarse el motivo del acto o negocio qde que se trate, y se razonará la necesidad, utilidad y conveniencia del mismo; se identificará con precisión el bien o derecho a que se refiera; y se expondrá, en su caso, la finalidad a que deba aplicarse la suma que se entrega. Y el art. 65.3 expone que "si se autorizare la realización de algún acto de gravamen sobre biens es o derechos que pertenezcan al menor o persona con discapacidad o la extinción de derechos reales a ellos pertenecientes, se ordenará seguir las mismas formalidades establecidad para la venta, con exclusión de la subasta"

Por último, el art. 66 dispone que "el Juez podrá adoptar las medidas necesarias para asegurar que la cantidad obtenida por el acto de enajenación o gravamen, así como por la realización del negocio o contrato autorizado se aplique a la finalidad en atención a la que se hubiere concedido la autorización".

SUPLICO AL JUZGADO

Que presentado este escrito, junto a las copias y los documentos que se acompañan se sirva admitirlo y, en consideración a las manifestaciones en él contenidas, se conceda autorización a este tutor para hacer gastos extraordinarios con cargo al patrimonio de la persona a la que presto apoyo como curador.

Por ser de justicia que se pide en X, a X

(Realizado sobre formulario Ed. Colex)

5. EL EXPEDIENTE DE INTERVENCIÓN JUDICIAL EN CASO DE DISCREPANCIAS EN EL EJERCICIO DE LA PATRIA POTESTAD

Uno de los expedientes más comunes es el de intervención judicial en el caso del ejercicio de la patria potestad (arts. 85 y ss. LJV). Contiene ciertas polémicas, pues se discuten diversas cuestiones como la postulación o la tramitación procesal que establece la Ley, como se verá más adelante. Puede producirse por cualquier motivo que lleve a discrepancia entre los progenitores sobre medidas que afecten a los hijos menores, pero en ocasiones puede confundirse con procedimientos de modificación de medidas o con ejecuciones de título judicial sobre obligaciones de hacer. Es decir, a veces se utilizan estos expedientes de Jurisdicción Voluntaria cuando en realizar habría que tramitar el asunto por cualquiera de los otros dos. Por otra parte, son especialmente comunes este tipo de asuntos, en la práctica forense, en lo relativo a la educación de los hijos y el colegio al que han de acudir, siendo muy frecuente su presentación en los momentos en los que se abren los plazos de matriculación, siendo repetida la discusión entre colegio público/privado, religioso/aconfesional…

Pero también se ha utilizado para cuestiones como la vacunación, las salidas al extranjero, los cambios de residencia...

Se regula, como se ha comentado en los arts. 85 y ss. LJV. Sin embargo, Jueces y Fiscales ya están pasando por encima del tenor legal y aplicando reglas más parecidas a la regulación anterior para que se puedan adoptar medidas más adecuadas a los menores sin tantos formalismos como los que parece imponer la Ley actual. Otra cuestión discutible es la previsión de que el expediente se deba admitir por resolución del Letrado de la Administración de Justicia, cuando es el Juez el que, en el fondo debe decidir en primera y última instancia cómo tramitar este tipo de asuntos. Por ejemplo, en el art. 85 LJV se prevé que el Letrado de la Administración de Justicia valore sobre la citación de menores de doce años, cuando esto parece completamente jurisdiccional, por lo que sería mejor que lo decidiese el Juez. Habría que partir de la necesidad de reforma de los arts. 156 y 158 CC sin tanta formalidad. Y es que, cuando existe un inminente peligro para el menor no se pueden establecer los mecanismos del art. 17 en relación a las consecuencias de la oposición o la antelación con la que hay que presentar las pruebas antes de la vista (quince días) porque ello va en contra de la imprescindible agilidad que debe reinar este procedimiento.

Por otra parte, es criticable, sin embargo y aunque pueda parecer contradictorio con lo expuesto hasta ahora, la no preceptividad de Abogado y Procurador en todos los expedientes de los arts. 85 y ss. LJV. Doctrina autorizada como la de Fernández de Buján nos menciona que los Abogados y Procuradores siempre han servido para reforzar la posición de los justiciables en cualquier procedimiento judicial, garantizar el reconocimiento de sus derechos en régimen de igualdad y coadyuvar en la defensa de sus intereses, por lo que su intervención resultaría necesaria para la tutela judicial efectiva. Así lo aconsejaba también el Informe del CGPJ al Anteproyecto y gran parte de la doctrina. Sí que es cierto que alteraría la agilidad de la que hablábamos pero, arbitrando medios similares al proceso penal para otorgar agilidad a los nombramientos de profesionales de oficio en el ámbito de la justicia gratuita, es indudable que estos expedientes tendrían una garantía fundamental tanto en el planteamiento de los mismos como en la posibilidad de defensa frente a las pretensiones de contrario que se pudieran plantear.

F.11 MODELO DE AUTO RESOLVIENDO UN EXPEDIENTE DE INTERVENCIÓN JUDICIAL EN EL EJERCICIO DE LA PATRIA POTESTAD

Normativa aplicable*: arts. 85 a 90 la Ley 15/2015, de 2 de julio, de Jurisdicción Voluntaria (LJV). Arts. 156 Y 158 del Código Civil (CC).*

Supuesto de hecho: *un progenitor solicita al Juez que intervenga y decida en la atribución de una facultad en el ejercicio de la patria potestad sobre la que hay conflicto con el otro progenitor y atribuya a uno de ellos la facultad de decidir en interés del menor.*

"JUZGADO DE PRIMERA INSTANCIA E INSTRUCCIÓN

PROCEDIMIENTO: Intervención judicial desacuerdo ejercicio patria potestad.

AUTO

PRIMERO. En fecha X tuvo entrada en este Juzgado escrito promoviendo un expediente de jurisdicción voluntaria en resolución de controversia en el ejercicio de la patria potestad interesando la atribución de la facultad de decidir el centro escolar en el que matricular a su hija menor de edad llamada Y nacida el X y proponiendo centros escolares públicos, laicos y próximos al domicilio familiar.

SEGUNDO.— Por decreto de X se admitió a trámite la solicitud y se citó a las partes procesales a la celebración de vista que tuvo lugar en fecha X. En fecha X se presentó escrito de oposición al expediente de jurisdicción voluntaria planteado por la madre de la menor proponiendo tres centros escolares religiosos, concertados y alguno de ellos con un sistema de segregación por razón de sexo.

En el día y hora señalada al efecto se celebró la vista ratificando las partes procesales sus pretensiones y practicándose la prueba propuesta y admitida con el resultado que obra en el acta extendida al efecto.

TERCERO.— En el presente procedimiento se han observado todas las prescripciones legales

RAZONAMIENTOS JURÍDICOS

PRIMERO.— La Constitución Española de 1978 al enumerar en el Capítulo del Título I los principios rectores de la política social y económica, hace mención en primer lugar a la obligación de los Poderes Públicos de asegurar la protección social, económica y jurídica de la familia y dentro de ésta, con carácter singular, la de los menores.

Establece el art. 39.4 CE que "los niños gozarán de la protección prevista en los acuerdos internacionales que velan por sus derechos", es por tanto de tener en cuenta la Convención de los Derechos del Niño, de Naciones Unidad de 20 de noviembre de 1989, ratificada por España el 30 de noviembre de 1990; la Carta Europea de Derechos del niño aprobada por el Parlamento Europeo Resolución A 3-0172/92 y, por supuesto, la Ley Orgánica 1/96 de Protección Jurídica del Menor. La Ley Orgánica 1/1996 determina en su art. 2 que "en la aplicación de la presente Ley primará el INTERÉS SUPERIOR DE LOS MENORES SOBRE CUALQUIER OTRO INTERÉS LEGÍTIMO QUE PUDIERA CONCURRIR"; en el mismo sentido el art 11.2.a) señala que "serán principios rectores de la actuación de los poderes públicos a) la supremacía del interés del menor y, por último, el art. 12.1 de la referida disposición señala que "la protección del menor por los poderes públicos se realizará mediante la prevención y reparación de situaciones de riesgo, con el establecimiento de los servicios adecuados para tal fin". Por tanto, es obligación de quien resuelve velar por los intereses superiores de los menores entre ellas su salud física y psíquica, procurando en la medida de lo posible evitar situaciones que puedan perjudicar su normal desarrollo o causarle cualquier daño. A todo lo expuesto cabe añadir todas y cada una de las disposiciones contenidas en la Ley 26/2015, de modificación del sistema de protección a la infancia y a la adolescencia.

Interesa la parte demandante se le atribuya la facultad de decidir el centro escolar en el que matricular a su hija menor de edad llamada X y nacida el Y, optando por centros escolares públicos, laicos y próximos al domicilio famliar. A ello se opone el demandado, quien propone tres centros escolares religiosos, concertados y alguno de ellos con un sistema de segregación del alumnado por razón de sexo.

Entiende la juzgadora que lo oportuno y más beneficioso para la menor es atribuir la facultad de elegir el centro escolar al que acudirá la menor.

La madre ha optado por un sistema laico de enseñanza y, tal como acertadamente expone el representante del Ministerio Fiscal, podría ir en contra de su derecho a la libertad religiosa la escolarización de la menor en un centro religioso, máxime cuando la enseñanza laica es más acorde al modelo familiar seguido hasta la fecha puesto que los progenitores de la menor no contrajeron matrimonio canónico y la menor no se encuentra bautizada.

Por otro lado, los centros escolares propuestos por la madre están más próximos al domicilio familiar, a pocos minutos, mientras que los propuestos por el padre se encuentran a 34, 24 y 24 minutos caminando, lo que implicaría la necesidad de trasladar a la menor en vehículo o bien en ruta, con el consiguiente coste económico y, sobre todo, sustraerla del círculo de menores con el que se ha venido relacionando hasta la fecha. Además, los centros escolares públicos elegidos por la madre son más económicos y más acordes a las percepciones económicas de las partes procesales puesto que los centros concertados propuestos conllevan el abono, en concreto de una cuota de 152 , 103 y 130 euros mensuales. Entiende la juzgadora que percibiendo el demandado la suma de 1250 euros mensuales y abonando 200 euros de pensión de alimentos a su hija y un alquiler de 700 euros, difícilmente podría hacer frente a tales gastos escolares, máxime cuando dichos centros exigen uniforme escolar y, si bien ofrecen actividades extraescolares, han de retribuirse al margen de los gastos antes señalados. Por último, los colegios con segregación por razón de género podrán verse privados de los fondos públicos conforme a la nueva ley educativa lo que haría impensable poder atender el coste económico mensual que supondría.

Por último, los centros públicos propuestos por la madre cuentan con proyectos educativos que garantizan el correcto desarrollo integral de la menor y ofrecen enseñanza en otros idiomas.

En consecuencia y, de conformidad a lo informado por el Ministerio Público, se le atribuye a la madre dicha facultad de elección del centro escolar para los ciclos de INFANTIL y PRIMARIA, habida cuenta que al término de tales ciclos habrá de cambiar de centro escolar para realizar la SECUNDARIA y BACHILLER.

SEGUNDO.— De conformidad a lo dispuesto en el art. 156 CC en relación al art. 20 LJV, las resoluciones definitivas dictadas por el Juez en los expedientes e jurisdicción voluntaria podrán ser recurridas en apelación por cualquier interesado que se considere perjudicado por ella, conforme a lo dispuesto en la LEC. El recurso de apelación no tendrá efectos suspensivos, salvo que la ley expresamente disponga lo contrario.

TERCERO.— No ha lugar a especial pronunciamiento en costas procesales al no ser preceptiva la intervención de abogado y procurador.

PARTE DISPOSITIVA

Debo ESTIMAR Y ESTIMO LA PRETENSIÓN DEDUCIDA EN LA DEMANDA Y debo ATRIBUIR Y ATRIBUYO a Dª X la facultad de elegir el centro escolar en el que efectuar la reserva y realizar la matriculación de su hija para los ciclos de INFANTIL Y PRIMARIA.

No ha lugar a especial pronunciamiento en costas procesales.

La presente resolución no es firme y contra la misma cabe interponer recurso de apelación sin efectos suspensivos.

Así lo acuerdo y mando.

(Realizado sobre formulario de Juzgados de Primera Instancia e Instrucción de Alcorcón-Madrid)

Así pues, es una materia que —a falta de acuerdo de los progenitores— ha de resolver una autoridad imparcial, como es el Juez. Así, la sentencia de la Audiencia Provincial de Badajoz de 21 de octubre de 2019 **(TOL7.638.626)** que dice "*una de las cuestiones más controvertidas en la práctica judicial es si la decisión de cambiar el lugar de residencia de un menor puede incluirse dentro de la facultad de guarda o poder de custodia de un progenitor o si, por el contrario, es una cuestión que afecta al contenido esencial de la patria potestad, y por tanto debe ser resuelta por ambos progenitores o, a falta de acuerdo, por el Juez*".

De igual modo, la sentencia de la Audiencia Provincial de Ávila de 16 de octubre de 2018 **(TOL7.057.836)** dice "*olvidando que el* *cambio de residencia de los menores es una prerrogativa de la patria potestad que debe ser acordado por ambos progenitores, y en defecto de acuerdo, por la autoridad judicial".*

En muchas ocasiones se confunde el cauce procesal adecuado para solicitar pretensiones, a veces se cree que un expediente de Jurisdicción Voluntaria de los que estamos tratando es suficiente cuando en realidad, lo que se esconde es una modificación de medidas o una ejecución de familia.

Así, el auto de 14 de enero de 2021 de la Audiencia Provincial de Barcelona (**TOL8.300.366)** dice

> *PRIMERO. — La resolución objeto de recurso de apelación ha inadmitido a trámite la solicitud de incoación de expediente de jurisdicción voluntaria por incumplimiento de la demandada (madre del hijo común menor de edad) de la obligación de consensuar con el padre (demandante y ahora apelante) el cambio de colegio del hijo menor, tal como habían pactado en el acuerdo regulador del ejercicio de la potestad conjunta homologado por Auto de 10.9.2019. La argumentación jurídica que sustenta la resolución recurrida se basa en que lo que se relata en el escrito de interposición de la demanda de jurisdicción voluntaria, formulada el 17.10.2019, es un hecho nuevo acaecido con posterioridad a la homologación del acuerdo alcanzado por las partes para regular las medidas relativas al referido hijo. En el recurso de apelación interpuesto por el padre del menor se insiste en que la demandada ha incumplido lo pactado, en el sentido de que no solo ha cambiado al menor de colegio, sino que, además, ha fijado su domicilio en una ciudad y provincia diferente al lugar en el que estaba instalado el domicilio común. El Ministerio Fiscal solicita la desestimación del recurso y la confirmación del auto de inadmisión.*
>
> *SEGUNDO. —* ***Examinada la demanda formulada por el recurrente es notorio que no se trata de una mera controversia en el ejercicio de la custodia relativa al centro escolar, sino que se denuncia un incumplimiento de lo pactado en un convenio regulador homologado judicialmente en fase de medidas previas provisionales,*** *y plenamente eficaz, aun cuando el demandante advierte su voluntad de no ratificarlo en el proceso principal del que dimana. La calificación de la acción ejercitada, en consecuencia, no es la de resolución de diferencias de criterio respecto a la elección de colegio, sino que constituye una denuncia de incumpli-*

miento de lo acordado que pertenece al ámbito de la ejecución de la resolución dictada con carácter provisional. Mediante esta denuncia se pretende —con la advertencia de que no ratificará el convenio— que se regulen las medidas relativas al ejercicio de la responsabilidad parental. Efectivamente, la controversia respecto a la elección de colegio es accesoria a la disconformidad esencial, que es la del cambio de domicilio de la madre y el hijo, cuya custodia exclusiva se pactó en favor de la madre en aquel convenio provisional homologado unos días antes del hecho que se denuncia. Lo que se pretende, en definitiva, no pertenece al ámbito de la mera discrepancia en la elección de centro. ***Puede constituir una demanda de ejecución, exigiendo que se cumpla lo pactado o, de otra forma, se trata de una nueva regulación de las medidas en su conjunto.***

Si se trata de una ejecución, es evidente que el cauce procesal de la jurisdicción voluntaria no es el adecuado*. El régimen jurídico de la ejecución es el que establecen los artículos 564 y concordantes de la LEC. Por esta vía, la parte que se considere perjudicada por la acción de la otra parte podrá hacer valer su derecho.* ***Por el contrario, si se pretende una acción de modificación de medidas reguladoras del ejercicio de la responsabilidad parental que pueden consistir incluso en un cambio de la guarda y custodia del menor, deberá promover la demanda correspondiente****. En efecto, de lo que resulta de la documentación que el actor acompañó a su demanda, correos electrónicos que reflejan determinados problemas en el entorno del menor, para poder conocer el fondo del asunto no es adecuado el estrecho ámbito de la jurisdicción voluntaria, puesto que no se trata de una mera discrepancia, sino que se precisa de un enjuiciamiento plenario de las controversias. En conclusión, este tribunal comparte el criterio de la magistrada de primera instancia al inadmitir a trámite la solicitud de jurisdicción voluntaria interesada por la representación del apelante, sin perjuicio del derecho del mismo a instar la nulidad del acuerdo homologado, la ejecución forzosa del mismo denunciando el traslado del domicilio materno (con el menor) inconsentido e injustificado, o la modificación de medidas para que se adapten a las actuales circunstancias.*

TERCERO. — Las dudas de derecho respecto el ámbito de la acción ejercitada determina que no proceda pronunciamiento especial sobre las costas de la alzada, que serán de oficio.

PARTE DISPOSITIVA

Se DESESTIMA el recurso de apelación interpuesto por la representación Don Luis Manuel contra el Auto de 31 de octubre de 2019 del Juzgado de 1ª Instancia número CINCO de DIRECCION000 (dictado en Jurisdicción Voluntaria 762/19), contra DOÑA María Dolores (incomparecida por no haber sido emplazada) con intervención del Ministerio Fiscal; y SE CONFIRMA la resolución objeto del recurso. Sin costas

6. EL EXPEDIENTE APROBACIÓN O ACEPTACIÓN DE HERENCIA.

Muy comunes también son los expedientes de aceptación y aprobación de herencia (arts. 93 y 94 LJV). Estos expedientes suelen ser esencialmente documentales; únicamente se produce el traslado al Ministerio Fiscal para que informe sobre la conveniencia de lo solicitado y pasa a resolverse por el Juez. Uno de los asuntos más peliagudos se produce con la competencia territorial y la posible acumulación de este expediente al de autorización de venta de los arts. 62 y ss LJV. La cuestión polémica reside en que la competencia para el del art. 93 es la del último domicilio del finado, cuando la del art. 62 es la del domicilio del curatelado o lugar de fallecimiento. Muchas veces éstos no coinciden y no se resuelve afirmativamente la acumulación. Sin embargo, ya existe jurisprudencia que trata de salvar este inconveniente (ATS 7 de junio de 2022, **TOL9.049.266**). Y, por otra parte, el Proyecto de Ley de Eficiencia Procesal de 22 de abril de 2022 ya preveía la modificación del art. 94 para que la competencia fuese también la del lugar del fallecimiento en lugar del último domicilio del finado (de igual modo lo prevé el Proyecto de Ley de medidas de eficiencia procesal del Servicio Público de Justicia de 22 de marzo de 2024). Parece una buena solución para acabar con esta discrepancia que ha conllevado no pocos problemas a la hora de determinar la competencia territorial en este tipo de asuntos. Así, el auto del Tribunal Supremo referenciado *supra* dice que "*este criterio se considera más acorde, por razones de inmediación y eficacia, al ser necesaria, como regla general, la audiencia del tutelado para la aprobación de la partición de la herencia, y facilitarse el acceso efectivo de aquel a la justicia*".

F.12 MODELO DE DEMANDA DE ACEPTACIÓN DE HERENCIA O APROBACIÓN/REPUDIACIÓN

Normativa aplicable: *arts. 93 y 94 la Ley 15/2015, de 2 de julio, de Jurisdicción Voluntaria (LJV).*

Supuesto de hecho: *se solicita que se acepte la repudiación de una herencia por parte del Juzgado, dados los perjuicios que su aceptación podría acarrear en el solicitante.*

ANTECEDENTES DE HECHO.

(...)

TERCERO. Que en la antedicha disposición testamentaria, el causante instituyó como heredero universal de sus bienes a la asociación X, respecto a la que ostentaba la condición de asociado.

No obstante la institución de heredero, a través de diversas labores de investigación llevadas a cabo por la asociación, mi mandante ha podido constatar que en el caudal relicto del causante pesan innumerables deudas que no pueden ser satisfechas por medio de la realización del activo inventariado.

CUARTO.— Por las circunstancias mi patrocinada procedió a repudiar la herencia a través de escritura pública que se acompaña con documento nº X respecto a la que interesamos su aprobación judicial para reputarse eficaz

(Realizado sobre formulario Ed. Colex)

7. EL EXPEDIENTE DE CONSIGNACIÓN JUDICIAL

Seguidamente, comentaremos el expediente de consignación judicial, regulado en los arts. 98 y 99 LJV. También hay que tener siempre en cuenta los arts. 1076 a 1080 CC. Estos expedientes, en la mayoría de los casos, se suelen utilizar por los inquilinos para seguir consignando rentas de un arrendador que se niega a recibirlas.

F.13 MODELO DE DECRETO FINAL DE CONSIGNACIÓN JUDICIAL EN CASO DE ARRENDAMIENTO

Normativa aplicable: *arts. 98 A 99 la Ley 15/2015, de 2 de julio, de Jurisdicción Voluntaria (LJV). Arts. 1176 A 1181 del Código Civil (CC).*

Supuesto de hecho: *el Letrado de la Administración de Justicia dicta resolución final acordando tener por bien hecha la consignación en un caso de rentas de arrendamiento que, inicialmente, el arrendador se negaba a recibir.*

JUZGADO DE PRIMERA INSTANCIA E INSTRUCCIÓN X

CONSIGNACIÓN X

DECRETO DEL LETRADO DE LA ADMINISTRACIÓN DE JUSTICIA D.

En Z, a X

Vistos por Su Señoría el Sr. Letrado de la Administración de Justicia del Juzgado de Primera Instancia e Instrucción Z los presentes autos de jurisdicción voluntaria número X en ejercicio de la acción de consignación de rentas debidas seguidos en este Juzgado a instancia de D. X, asistido por el Letrado D. Y en relación a G SLU, no personado, y Y, asistidos por el letrado D.J y representados por el procurador D. F , y que se han seguido con base en los siguientes:

ANTECEDENTES DE HECHO

I. *En fecha X el letrado D. Y, asistiendo a D. Z presentó solicitud de jurisdicción voluntaria en petición de consignación de rentas en relación a A SLU, no personado, y O asistidos por el letrado D. J y representados por el procurador D. F y referente a las rentas mensuales del contrato de arrendamiento del local sito en C/ F (local C) de Z*

II. *Por decreto de fecha Z se admitió a trámite la petición y se confirió traslado por 10 días a los interesados para que pudieran retirar la cosa debida con aceptación de la consignación o efectuasen las alegaciones que considerasen oportunas.*

III. *Después de diversos avatares por los que ha pasado el expediente, por escrito de fecha Z (recibido el Y) los interesados O acep-*

taron expresamente la consignación y manifestaron su voluntad de retirar la cosa debida, debiendo procederse a la transferencia de las cantidades consignadas en concepto de alquiler del local sito en C/ F (local C) de Z, a través de mandamiento de devolución.

FUNDAMENTOS DE DERECHO

PRIMERO.- *Dispone el art. 1.180 del CC que la aceptación de la consignación por el acreedor o la declaración judicial de que está bien hecha, extinguirá la obligación y el deudor podrá pedir que se mande cancelar la obligación y la garantía, en su caso.*

Mientras tanto, el deudor podrá retirar la cosa o cantidad consignada, dejando subsistente la obligación.

SEGUNDO. *— Establece el art. 99.3 de la LJV que cuando los interesados comparecidos retirasen la cosa debida aceptando expresamente la consignación, el Letrado de la Administración de Justicia dictará decreto teniéndola por aceptada, con los efectos legales procedentes, mandando cancelar la obligación y, en su caso, la garantía, si así lo solicitara el promotor.*

TERCERO.- *En el caso de autos, habida cuenta la norma legal invocada y los hechos alegados, visto el escrito de fecha de los interesados por los que aceptan la consignación y retirar la cosa debida del Juzgado procede mandar cancelar la obligación en la cuantía abonada (al menos hasta la última mensualidad abonada), con archivo de las presentes actuaciones. Si se pretendiese seguir consignando cantidades se deberá iniciar nuevo expediente.*

CUARTO.- *Conforme a lo previsto en el art. 19.3 y 4 de la LJV una vez resuelto un expediente de jurisdicción voluntaria y una vez firme la resolución, no podrá iniciarse otro sobre idéntico objeto, salvo que cambien las circunstancias que dieron lugar a aquél. Lo allí decidido vinculará a cualquier otra actuación o expediente posterior que resulten conexos a aquél. Esto será de aplicación también respecto a los expedientes tramitados por Notarios y Registradores en aquellas materias cuyo conocimiento sea concurrente con el de los Letrados de la Administración de Justicia.*

La resolución de un expediente de jurisdicción voluntaria no impedirá la incoación de un proceso jurisdiccional posterior con el mismo objeto que aquél.

***QUINTO**.— Dada la materia objeto de este expediente no ha lugar a efectuar pronunciamiento en materia de costas procesales.*

Vistos los artículos citados y demás disposiciones de general aplicación,

PARTE DISPOSITIVA

1) Acuerdo estimar la petición formulada por instancia de D. X, asistido por el Letrado D. A en relación a A SLU, no personado, O, SL, asistidos por el letrado D. J y representados por el procurador D. F en ejercicio de la solicitud de consignación.

2) Acuerdo declarar cancelada la obligación de pago de las rentas consignadas por el instante relativas al contrato de arrendamiento de local sito en C/ F (local C) de Z:

— 3.900 euros (correspondiente a ingresos desde el 23-5-2023 al 9-9-23, tal como consta en la cuenta de consignaciones de este Juzgado).

Si se pretendiese seguir consignando cantidades se deberá iniciar nuevo expediente, no aceptándose más ingresos en este, donde se cancela la cuenta.

3) Expídase mandamiento de pago de las cantidades anteriormente referidas.

4) La resolución de éste expediente de jurisdicción voluntaria no impedirá la incoación de un proceso jurisdiccional posterior con su mismo objeto.

5) Firme que sea esta resolución archívense las presentes actuaciones previa nota de baja en los programas informáticos correspondientes de la oficina judicial [y/o en libros de registro de asuntos civiles].

6) Notifíquese esta resolución a las partes personadas con instrucción de que, en el caso de estimarse perjudicadas por el contenido de la resolución, pueden interponer recurso de revisión en el plazo de cinco días hábiles, mediante escrito a presentar ante el Tribunal con expresión de la infracción en que la misma hubiere incurrido a juicio del recurrente.

Así lo acuerdo, decreto y firmo.

El la Letrado de la Administración de Justicia

(Realizado sobre formulario Ed. Bosch)

También son frecuentes los asuntos en los que las compañías aseguradoras ponen a disposición de sus asegurados una cantidad, en principio, rechazada por ellos en relación a un siniestro con el que no están de acuerdo en la indemnización que la aseguradora ofrece al asegurado. Es frecuente que estos expedientes terminen con la aceptación de la consignación por el asegurado, dejando a salvo la idea de que no es una conformidad con lo ofrecido sino simplemente un mínimo a recoger, pero que el asunto habrá de decidirse en el juicio que corresponda.

F.14 MODELO DE DECRETO FINAL DE CONSIGNACIÓN JUDICIAL EN CASO DE DAÑOS POR ACCIDENTE DE TRÁFICO

Normativa aplicable: *arts. 98 A 99 la Ley 15/2015, de 2 de julio, de Jurisdicción Voluntaria (LJV). Arts. 1176 A 1181 del Código Civil (CC).*

Supuesto de hecho: *el Letrado de la Administración de Justicia dicta resolución final acordando tener por bien hecha la consignación en un caso de indemnización por accidente de tráfico que el lesionado, inicialmente, se niega a recibir por encontrarse disconforme con la cuantía, si bien la aseguradora no quiere que le genere más intereses.*

"JUZGADO DE PRIMERA INSTANCIA E INSTRUCCIÓN Nº X DE Y

CONSIGNACIÓN

DECRETO DEL LETRADO DE LA ADMINISTRACIÓN DE JUSTICIA D. Z

En Z, a X

Vistos por Su Señoría el Sr. Letrado de la Administración de Justicia del Juzgado de Primera Instancia e Instrucción nºX de Z los presentes autos de jurisdicción voluntaria número en ejercicio de la acción de consignación de rentas debidas seguidos en este Juzgado a instancia del Procurador de los Tribunales D. X en nombre y representación Z SA, asistido por los letrados Sres. Dª X y D. M del ICAM de en relación a DªB, asistido por el letrado Sr. D. R del ICAM de , y que se han seguido con base en los siguientes:

ANTECEDENTES DE HECHO

I. En fecha el Procurador de los Tribunales D. X actuando en nombre y representación de Z SA presentó solicitud de jurisdicción voluntaria en petición de consignación de rentas en relación a Dª B y referente a las indemnizaciones por el accidente ocurrido el 18 de marzo de 2021.

II. Por decreto de fecha 21 de abril de 2023 se admitió a trámite la petición y se confirió traslado por 10 días a los interesados para que pudieran retirar la cosa debida con aceptación de la consignación o efectuasen las alegaciones que considerasen oportunas.

III. Por escrito de fecha 12 de junio de 2023 los interesados aceptaron expresamente la consignación y manifestaron su voluntad de retirar la cosa debida, si bien tal aceptación no supone, tal como manifiestan "renuncia alguna de acciones, por entender que dichas cantidades no resarcen la totalidad de los daños y lesiones padecidos por los demandados, de los que tiene que responder civilmente la demandante Z SA".

FUNDAMENTOS DE DERECHO

PRIMERO.— Dispone el art. 1.180 del CC que la aceptación de la consignación por el acreedor o la declaración judicial de que está bien hecha, extinguirá la obligación y el deudor podrá pedir que se mande cancelar la obligación y la garantía, en su caso.

Mientras tanto, el deudor podrá retirar la cosa o cantidad consignada, dejando subsistente la obligación.

SEGUNDO.— Establece el art. 99.3 de la LJV que cuando los interesados comparecidos retirasen la cosa debida aceptando expresamente la consignación, el Letrado de la Administración de Justicia dictará decreto teniéndola por aceptada, con los efectos legales procedentes, mandando cancelar la obligación y, en su caso, la garantía, si así lo solicitara el promotor.

TERCERO.— En el caso de autos, habida cuenta la norma legal invocada y los hechos alegados, visto el escrito de fecha de los interesados por los que aceptan la consignación y retirar la cosa debida del Juzgado procede mandar cancelar la obligación en la cuantía abonada (sin perjuicio de la reserva de acciones que han manifestado los demandados), con archivo de las presentes actuaciones.

CUARTO.— Conforme a lo previsto en el art. 19.3 y 4 de la LJV una vez resuelto un expediente de jurisdicción voluntaria y una vez firme la resolución, no podrá iniciarse otro sobre idéntico objeto, salvo que cambien las circunstancias que dieron lugar a aquél. Lo allí decidido vinculará a cualquier otra actuación o expediente posterior que resulten conexos a aquél. Esto será de aplicación también respecto a los expedientes tramitados por Notarios y Registradores en aquellas materias cuyo conocimiento sea concurrente con el de los Letrados de la Administración de Justicia.

La resolución de un expediente de jurisdicción voluntaria no impedirá la incoación de un proceso jurisdiccional posterior con el mismo objeto que aquél.

QUINTO.— Dada la materia objeto de este expediente no ha lugar a efectuar pronunciamiento en materia de costas procesales.

Vistos los artículos citados y demás disposiciones de general aplicación,

PARTE DISPOSITIVA

1) Acuerdo estimar la petición formulada por el Procurador de los Tribunales D. X actuando en nombre y representación de Z SLU en relación a D. X en ejercicio de la solicitud de consignación.

2) Acuerdo declarar cancelada la obligación de pago de la indemnización como oferta motivada en las cuantías de:

— 4.491,96 euros a favor de D. R.

— 2.971,18 euros a favor de Dª M

— 2.592,02 euros a favor de D. D

— 2.592,02 euros a favor de D. P

Total: 12.647,18 euros.

Si bien tal aceptación no supone, tal como manifiestan los demandados "renuncia alguna de acciones, por entender que dichas cantidades no resarcen la totalidad de los daños y lesiones padecidos por los demandados, de los que tiene que responder civilmente la demandante Z SLU".

3) Expídase mandamiento de pago de las cantidades anteriormente referidas por transferencia bancaria a favor de cada uno de los demandados en la cuenta facilitada por los mismos que consta en autos.

4) La resolución de éste expediente de jurisdicción voluntaria no impedirá la incoación de un proceso jurisdiccional posterior con su mismo objeto.

5) Firme que sea esta resolución archívense las presentes actuaciones previa nota de baja en los programas informáticos correspondientes de la oficina judicial [y/o en libros de registro de asuntos civiles].

6) Notifíquese esta resolución a las partes personadas con instrucción de que, en el caso de estimarse perjudicadas por el contenido de la resolución, pueden interponer recurso de revisión en el plazo de cinco días hábiles, mediante escrito a presentar ante el Tribunal con expresión de la infracción en que la misma hubiere incurrido a juicio del recurrente.

Así lo acuerdo, decreto y firmo.

El la Letrado de la Administración de Justicia"

(Realizado sobre formulario Ed. Bosch)

8. EL EXPEDIENTE DE SUBASTAS VOLUNTARIAS

Por último, en cuanto al expediente de subastas voluntarias hay que mencionar que es extraño verlo como autónomo, pero parte de sus preceptos (art. 108 LJV) se recogen en las ejecuciones de título judicial derivadas de procedimientos de división de cosa común (antes ordinarios, ahora verbales, según la reforma del R.D. Ley 6/2023, art. 250.1.16º LEC), cuando se ha de realizar el bien a dividir a través de subasta con participación de licitadores extraños. Siempre se ha pecado de intentar aplicar la normativa genérica de las ejecuciones (y en concreto la de subasta) a este tipo de procedimientos, produciéndose amplias disfunciones. La LJV no es que aclare mucho las cosas pero sí se puede adecuar más a este tipo de subastas. La jurisprudencia, en su momento (Auto de la AP Tenerife de 15 de abril de 2009, **TOL6.723.576**), ya tuvo que reconocer que las partes involucradas participan en igualdad de condiciones en la subasta sin que pueda entenderse que existan ejecutantes/ejecutados sino simplemente interesados: *"Es obvio que al establecer la sentencia que se ejecuta que la división del bien común habría de hacerse en subasta pública con intervención de licitadores extraños, se está remitiendo a la normativa específica prevista en la LEC, pero a ello no obsta que en el presente caso deba atenderse a la peculiaridad que el mismo presenta, y es que existe una diferencia fundamental entre aquellos casos en que en el procedimiento de apremio se saca a subasta un bien —inmueble, en este caso—, embargado para atender al pago de una cantidad dineraria que ha sido condenado el ejecutado, en cuanto deudor, a abonar al ejecutante acreedor, y el presente, en el que de lo que se trata es de la división de un bien común, del que ambos, ejecutante y ejecutado, son propietarios por iguales e indivisas partes, y en el que ambos son acreedores en igual proporción del producto que se obtenga con la subasta del bien. Así pues, si bien no cabe duda de que ha de seguirse la normativa prevista en la LEC, ha de tenerse en cuenta también esa peculiaridad, es decir, que con independencia de quién —cualquiera de ellos lo pudo hacer—, eventualmente,* ***haya promovido el procedimiento de ejecución, en la aplicación de las normas pertinentes, y cuando así corresponda, ambos o cualquiera de ellos, podrán ocupar, indistintamente, la posición de ejecutante/ejecutado o de acreedor/deudor, según lo requiera la normativa aplicable en cada caso****"*.

Actualmente, la propia aplicación de la Cuenta de Consignaciones y Depósitos del Ministerio de Justicia y el Banco Santander (desde la que se convocan las subastas electrónicas) prevé la denominación de "interesados" (en lugar de "acreedores") y, además, no exige la consignación del 5% para cualquiera de ellos si quieren participar en la subasta. Además, en el decreto definitivo de adjudicación, hay que tener en cuenta el reparto del dinero obtenido según los porcentajes de participación de las partes. Si se lo adjudicó a una de las partes, habrá de participar en la división teniendo en cuenta dicha circunstancia.

F.15 MODELO DE EDICTO DE SUBASTA VOLUNTARIA (PROCEDIMIENTO DE DIVISIÓN DE COSA COMÚN)

***Normativa aplicable**: art. 111 la Ley 15/2015, de 2 de julio, de Jurisdicción Voluntaria (LJV).*

***Supuesto de hecho:** el Letrado de la Administración de Justicia emite edicto convocando subasta en el seno de una ejecución para llevar a efecto una sentencia de división de cosa común con las características especiales de las subastas voluntarias.*

JUZGADO DE 1ª INSTANCIA E INSTRUCCIÓN

Procedimiento: Ejecución de títulos judiciales X

Materia: División cosa común

Ejecutante:

Ejecutado:

EDICTO

D./DÑA. X LETRADO/A DE LA ADMÓN. DE JUSTICIA DEL JUZGADO DE PRIMERA INSTANCIA

En virtud de lo acordado en resolución del día de la fecha dictado en el procedimiento Ejecución Hipotecaria X que se sigue en este Juzgado a instancia de D por el/la procurador Dña. y a instancias de D./Dña. por el procurador D.. contra D./Dña. en reclamación de hacer consistente la división de la cosa común, por el presente se anuncia la venta en pública subasta, por término de veinte días, de la/s siguiente/s finca/s propiedad del ejecutado: LOTE ÚNICO: Vivienda sita en C/ inscrita en el Registro de la Propiedad de. Finca Registral.Referencia catastral nº La subasta se celebrará telemáticamente a través del Portal de Subastas Electrónicas, conforme con las siguientes:

CONDICIONES GENERALES:

1ª.— La tasación o tipo a efectos de subasta de la finca hipotecada es de X euros (art. 646.2 de Ley 1/2000 de 7 de enero, de Enjuiciamiento Civil, en adelante LEC).

2ª.— Los requisitos relativos a la preparación de la subasta de una ejecución de hacer consistente en la división de un inmueble que es copropiedad de ambos litigantes se establecen en la LEC (arts. 655 y ss. —inmuebles y muebles sujetos a publicidad registral—) y en la LJV, arts. 108 a 111, cuyo Título VII lleva por rúbrica "de los expedientes de subastas voluntarias".

3ª.— Dada la naturaleza del bien al que se refiere esta resolución consistente en un inmueble, se han cumplido los requisitos exigidos respectivamente para acordar subasta.

4ª Respecto a la situación posesoria de la finca, de la consulta domiciliaria efectuada así como de las diligencias practicadas en el procedimiento se desprende que la finca se puede considerar como vivienda habitual a los efectos oportunos.

5ª— Para tomar parte en la subasta los licitadores deberán cumplir los siguientes requisitos:

5.1. º Identificarse de forma suficiente.

5.2. º Declarar que conocen las condiciones generales y particulares de la subasta.

5.3.ºEstar en posesión de la correspondiente acreditación, para lo que será necesario haber consignado el 5 por ciento del valor de los bienes. La consignación se realizará en los términos previstos en las condiciones particulares de la presente subasta (art 647.1 de LEC). Las partes litigantes no precisan realizar esta consignación.

6ª— La subasta electrónica se regulará con arreglo a las siguientes reglas (arts. 648 de LEC)

6.1ª — La subasta tendrá lugar en el Portal dependiente de la Agencia Estatal Boletín Oficial del Estado para la celebración electrónica de subastas a cuyo sistema de gestión tendrán acceso todas las Oficinas judiciales. Todos los intercambios de información que deban realizarse entre las Oficinas judiciales y el Portal de Subastas se realizarán de manera telemática. Cada subasta estará dotada con un número de identificación único.

6.2.ª — La subasta se abrirá transcurridas, al menos, veinticuatro horas desde la publicación del anuncio en el "Boletín Oficial del Estado", cuando haya sido remitida al Portal de Subastas la información necesaria para el comienzo de la misma.

6.3.ª — Una vez abierta la subasta solamente se podrán realizar pujas electrónicas con sujeción a las normas de esta Ley en cuanto a tipos de subasta, consignaciones y demás reglas que le fueren aplicables. En todo caso el Portal de Subastas informará durante su celebración de la existencia y cuantía de las pujas.

6.4.ª — Para poder participar en la subasta electrónica, los interesados deberán estar dados de alta como usuarios del sistema, accediendo al mismo mediante mecanismos seguros de identificación y firma electrónicos de acuerdo con lo previsto en la Ley 59/2003, de 19 de diciembre, de firma electrónica, de forma que en todo caso exista una plena identificación de los licitadores. El alta se realizará a través del Portal de Subastas mediante mecanismos seguros de identificación y firma electrónicos e incluirá necesariamente todos los datos identificativos del interesado. A los ejecutantes se les identificará de forma que les permita comparecer como postores en las subastas dimanantes del procedimiento de ejecución por ellos iniciado sin necesidad de realizar consignación.

6.5.ª — Los copropietarios podrán, bajo su responsabilidad, y, en todo caso, a través de la Oficina Judicial ante la que se siga el procedimiento, enviar al Portal de Subastas toda la información de la que dispongan sobre el bien objeto de licitación, procedente de informes de tasación y otra documentación oficial, obtenida directamente por los órganos judiciales o mediante Notario y que a juicio de aquéllos pueda considerarse de interés para los posibles licitadores. También podrá hacerlo el Letrado de la Administración de Justicia por su propia iniciativa, si lo considera conveniente.

6.6. ª — Las pujas se enviarán telemáticamente a través de sistemas seguros de comunicaciones al Portal de Subastas, que devolverá un acuse técnico, con inclusión de un sello de tiempo, del momento exacto de la recepción de la postura y de su cuantía. En ese instante publicará electrónicamente la puja. El postor deberá también indicar si consiente o no la reserva a que se refiere el párrafo segundo del apartado 1 del artículo 652 y si puja en nombre propio o en nombre de un tercero. Serán admisibles posturas por importe superior, igual o inferior a la más alta ya realizada, entendiéndose en los dos últimos supuestos que consienten desde ese momento la reserva de consignación y serán tenidas en cuenta para el supuesto de que el licitador que haya realizado la puja igual o más alta no consigne finalmente el resto del precio de adquisición. En el caso de que existan posturas por el mismo importe, se preferirá la anterior en el tiempo.

7ª — El desarrollo y terminación de la subasta se sujetará a las siguientes reglas (art. 649 de la LEC):

7.1ª — La subasta admitirá posturas durante un plazo de veinte días naturales desde su apertura. La subasta no se cerrará hasta transcurrida una hora desde la realización de la última postura, aunque ello conlleve la ampliación del plazo inicial de veinte días a que se refiere este artículo por un máximo de 24 horas.

7.2ª — La suspensión de la subasta por un periodo superior a quince días llevará consigo la devolución de las consignaciones, retrotrayendo la situación al momento inmediatamente anterior a la publicación del anuncio. La reanudación de la subasta se realizará mediante una nueva publicación del anuncio como si de una nueva subasta se tratase

7.3ª — En la fecha del cierre de la subasta y a continuación del mismo, el Portal de Subastas remitirá al Secretario judicial información certificada de la postura telemática que hubiera resultado vencedora, así como, por orden decreciente de importe y cronológico en el caso de ser este idéntico, de todas las demás que hubieran optado por la reserva de postura a que se refiere el párrafo segundo del apartado 1 del artículo 652, con el nombre, apellidos y dirección electrónica de los licitadores.

7.4ª — Terminada la subasta y recibida la información, el Letrado de la Administración de Justicia dejará constancia de la misma, expresando el nombre de quienes hubieran participado y de las posturas que formularon, así como el nombre del mejor postor y la postura que formuló.

8ª El Letrado de la Administración de Justicia dictará decreto aprobando el remate en favor del mejor postor, quien en el plazo de cuarenta días, habrá de consignar la diferencia entre lo depositado y el precio total del remate, salvo que sea alguno de los copropietarios, en cuyo caso se estará a lo dispuesto en las Condiciones Particulares de la presente subasta.

9ª.— El destino de los depósitos para pujar y la quiebra de la subasta se regularán según las siguientes reglas (arts. 652 y 653 LEC):

9.1ª.— Finalizada la subasta, se liberarán o devolverán las cantidades consignadas por los postores excepto lo que corresponda al mejor postor, que se reservará en depósito como garantía del cumplimiento de su obligación y, en su caso, como parte del precio de la venta. Sin embargo, si los demás postores lo solicitan, también se mantendrá la reserva de las cantidades consignadas por ellos, para que, si el rematante no entregare en plazo el resto del precio, pueda aprobarse el remate en favor de los que le sigan, por el orden de sus respectivas posturas y, si fueran iguales, por el orden cronológico en el que hubieran sido realizadas.

9.2ª.— Las devoluciones que procedan con arreglo a lo establecido en el apartado anterior se harán a quien efectuó el depósito con independencia de si hubiere actuado por sí como postor o en nombre de otro

9.3ª.— Si ninguno de los rematantes a que se refiere el artículo anterior consignare el precio en el plazo señalado o si por culpa de ellos dejare de tener efecto la venta, perderán el depósito que hubieran efectuado y se procederá a nueva subasta, salvo que con los depósitos constituidos por aquellos rematantes se pueda satisfacer el capital e intereses del crédito del ejecutante y las costas.

9.4ª.— El destino de dichos depósitos será el determinado en las Condiciones Particulares de la presente subasta.

10ª.— La certificación registral y, en su caso, la titulación del inmueble o inmuebles que se subastan sujetos a publicidad registral será facilitada a los interesados de forma continua y actualizada por el respectivo Registro de la Propiedad al Portal de Subastas de la Agencia Estatal del Boletín Oficial del Estado (art. 667.2 de la LEC). Por lo tanto, no se facilitara acceso a los interesados en la subasta a la certificación registral en sede judicial, salvo las partes personadas previamente en autos con letrado que le asista y procurador que tribunales que le represente cuando la asistencia de ambos sea preceptiva por disposición legal o a aquellos postores que justifiquen adecuadamente su registro en el Portal de Subastas de la Agencia estatal del Boletín Oficial del Estado y la consiguiente retención en cuenta bancaria en relación con la presente subasta electrónica.

11ª— Los derechos de acceso, rectificación y cancelación de cualesquiera datos personales facilitados por los postores que participen en la subasta electrónica se ejercitarán en todo caso ante las autoridades del Portal de Subastas de la Agencia Estatal del Boletín Oficial del Estado y en ningún caso ante esta Oficina Judicial, según la disposición adicional segunda de la Ley 19/2013, de 13 de julio, de medidas de reforma administrativa en el ámbito de la Administración de Justicia y del Registro Civil.

CONDICIONES PARTICULARES:

1ª.-Para tomar parte en la subasta los postores (salvo los copropietarios litigantes) deberán, previamente, consignar en la forma establecida en el apartado 1 del artículo 647, una cantidad equivalente al 5 por ciento del valor que se haya dado a los bienes o tipo de subasta de la condición general primera de la presente subasta (art 669.1 de LEC). La consignación se realizará por medios electrónicos a través del Portal de Subastas, que utilizará los servicios telemáticos que la Agencia Estatal de la Administración Tributaria pondrá a su disposición, quien a su vez recibirá los ingresos a través de sus entidades colaboradoras (art 647.1.3 de LEC).

1.1ª. Para evitar la quiebra de la subasta, es preciso tener en cuenta que los artículos 648 regla 6ª en relación con el 652.1 párrafo 2º de la LEC, prevén la posibilidad de que los postores realicen las pujas, con reserva de su postura para el caso de quebrarse la subasta, es decir, la forma de las pujas es la siguiente: Aunque el artículo 647.2 se refiere únicamente al ejecutante, dicho derecho debe extenderse a todos los copropietarios del inmueble a subastar para que no existan situaciones de privilegio, en virtud del mencionado principio de igualdad. El postor deberá indicar si consiente o no la reserva de postura. Se pueden hacer posturas por importe superior, igual o inferior a la más alta, entendiéndose en los dos últimos supuestos que consienten la reserva de consignación para el caso de quiebra de la subasta. En caso de existir posturas por el mismo importe, se preferirá la anterior en el tiempo. El Portal de Subastas solo publicará la puja más alta entre las realizadas hasta ese momento. De todos modos, los depósitos de los rematantes que provoquen la quiebra de la subasta se podrán aplicar por el Letrado de la Administración de Justicia a satisfacer los gastos que origine la nueva subasta y el resto se unirá a las sumas obtenidas en la nueva subasta, y en su caso, se compensará a los copropietarios de la disminución del precio que se haya producido en el nuevo remate; sólo después de efectuada esta compensación, se devolverá lo que quedare a los depositantes.

1.2ª Los copropietarios podrán participar en la subasta sin esperar a que lo haga ningún postor.

1.3ª Si el mejor postor resulta ser alguno de los copropietarios, deberá consignar la diferencia entre el precio total del remate y su cuota de participación en el bien subastado, en el plazo de 40 días siguientes a su aprobación-2ª.— Por el mero hecho de participar en la subasta se entenderá que los postores aceptan como suficiente la titulación que consta en autos o que no exista titulación (art 646.2.2, 663 a 665 y 669.2 de LEC).

3ª— Todo licitador acepta las consecuencias de que sus pujas no superen los porcentajes del tipo de la subasta establecidos en el artículo 670 de LEC (arts. 646.2.2 y 668.2 de LEC).

4º— El incremento entre posturas será de 500 euros para las pujas de la subasta.

5ª—. Durante el periodo de licitación cualquier interesado en la subasta podrá solicitar del Tribunal inspeccionar el inmueble o inmuebles ejecutados, quien lo comunicará a quien estuviere en la posesión, solicitando su consentimiento.

6ª.— Las cargas o gravámenes anteriores, si los hubiere, al crédito del actor continuarán subsistentes y que, por el solo hecho de participar en la subasta, el licitador los admite y queda subrogado en la responsabilidad derivada de aquellos, si el remate se adjudicare a su favor (arts. 642 y 668.2 de LEC).

7ª.— En caso de quedar desierta la subasta, no resulta aplicable el art. 671 LEC, el cual se refiere a que el acreedor puede pedir la adjudicación del bien, y el ejecutado el alzamiento del embargo. Tampoco el art. 111.7 LJV, en referencia al sobreseimiento del expediente. Se celebraría una segunda subasta en el plazo de un mes, y por el 50% del valor de tasación.

8ª.— En todo lo no previsto en las presentes condiciones será de aplicación subsidiariamente lo regulado en la LEC y arts. 108 a 111 de la LJV.

9ª.— El presente edicto surtirá la plenitud de efectos jurídicos que le son inherentes una vez que se haya producido a su publicación por parte del Portal de Subastas de la Agencia Estatal del Boletín Oficial del Estado, el cual servirá de notificación en legal forma al ejecutado no personado. El presente edicto también estará expuesto en el tablón de anuncios de este Juzgado y en el portal de subastas judiciales y electrónicas existente y dependiente del Ministerio de Justicia (administraciondejusticia.gob.es) en los términos en que le sean remitidos a éste último por el Portal de Subastas de la Agencia Estatal del Boletín Oficial del Estado hasta la fecha de celebración de la subasta a efectos meramente informativos (art 645.1 de LEC). Y en virtud de lo acordado libro el presente edicto.

En X, a X

EL/LA LETRADO/A DE LA ADMINISTRACIÓN DE JUSTICIA

(Realizado sobre formulario de Juzgados de Primera Instancia e Instrucción de Alcorcón-Madrid)

9. RECURSOS EN JURISDICCIÓN VOLUNTARIA

Además del recurso de reposición contra las resoluciones interlocutorias del Letrado de la Administración de Justicia o del Juez, existe el recurso de revisión contra los decretos definitivos del Letrado de la Administración de Justicia y el recurso de apelación contra los autos definitivos del Juez. El recurso de apelación no tendrá efectos suspensivos, salvo que la Ley diga lo contrario. Todo ello se encuentra en el art. 20 LJV:

> *1. Contra las resoluciones interlocutorias dictadas en los expedientes de jurisdicción voluntaria cabrá* ***recurso de reposición****, en los términos previstos en la Ley de Enjuiciamiento Civil. Si la resolución impugnada se hubiera acordado durante la celebración de la comparecencia, el recurso se tramitará y resolverá oralmente en ese mismo momento.*
>
> *2. Las resoluciones definitivas dictadas por el Juez en los expedientes de jurisdicción voluntaria podrán ser* ***recurridas en apelación*** *por cualquier interesado que se considere perjudicado por ella, conforme a lo dispuesto en la Ley de Enjuiciamiento Civil. Si la decisión proviene del Secretario judicial, deberá interponerse* ***recurso de revisión*** *ante el Juez competente, en los términos previstos en la Ley de Enjuiciamiento Civil.*
>
> *El recurso de apelación* ***no tendrá efectos suspensivos****, salvo que la ley expresamente disponga lo contrario.*

Es importante destacar cómo el recurso de apelación no tendrá efectos suspensivos, por lo tanto, en materias tan delicadas como la intervención judicial en asuntos de discrepancia en el ejercicio de la patria potestad (arts. 156 y 158 CC y art. 85 y ss. LJV) lo acordado por el Juez debe llevarse a efecto, sin que un recurso de apelación paralice lo acordado. Esto puede luego producir que, ante la revocación de la resolución se produzcan ciertos perjuicios irreparables (el niño se fue al extranjero, se le matriculó en tal colegio...); pero, por otra parte, la urgencia de la situación tampoco puede dejar —por una elemental cuestión de tiempos— que hasta que no sea firme la resolución no se pueda llevar a efecto lo solicitado. En ese caso, se actuaría a modo de medida cautelar, no cabe duda.

Otra cuestión interesante en relación a los recursos que se ha planteado es si hay que pagar tasa judicial (modelo 696) o hacer el depósito judicial para recurrir (Disposición adicional decimoquinta de la LOPJ).

La tasa está excluida de este tipo de expedientes, primero, porque no se encuentran en la Ley; y, segundo, porque así lo manifestó la Dirección General de Tributos, mediante consulta vinculante nº V0484-13, la cual resolvió que los expedientes de Jurisdicción Voluntaria, incluso los expedientes de dominio, no quedan afectos a la tasa judicial.

> *"En relación con la cuestión planteada, este Centro Directivo informa lo siguiente: Los expedientes de jurisdicción voluntaria, incluido el expediente de dominio,* ***no están incluidos en el hecho imponible de la Tasa*** *por el ejercicio de la potestad jurisdiccional en los órdenes civil, contencioso administrativo y social, regulada en la Ley 10/21012, de 20 de noviembre, por la que se regulan determinadas tasas en el ámbito de la Administración de Justicia y del Instituto Nacional de Toxicología y Ciencias Forenses. Lo que comunico a Vd. con efectos vinculantes, conforme a lo dispuesto en el apartado 1 del artículo 89 de la Ley 58/2003, de 17 de diciembre, General Tributaria".*

En relación al depósito para recurrir, tuvo ocasión de pronunciarse la Audiencia Provincial de Barcelona en Auto de 28 de noviembre de 2016 (**TOL5.986.281**), diciendo: *"Esta Audiencia Provincial ya ha reiterado en diversas ocasiones que la Jurisdicción Voluntaria* ***no está excluida de la obligación de efectuar depósito para recurrir*** *(...) Los actos de conciliación o los expedientes de jurisdicción voluntaria no son más que procedimientos, entre otros (procedimientos declarativos, de* *ejecución o especiales) que se siguen ante los Juzgados del orden civil para conocer de las materias que le son propias (...) La disposición adicional 15ª, introducida por la LO 1/2009, de 3 de noviembre, ha establecido un requisito previo a la interposición de los recursos ordinarios y extraordinarios, revisión y rescisión de sentencia firme a instancia del rebelde, entre otros en el orden jurisdiccional civil (ap. 1º) del que no han de quedar excluidos, como entiende el recurrente, los actos de jurisdicción voluntaria, como actos propios del orden jurisdiccional civil que son".*

Por otra parte, este depósito sólo se exigirá contra las resoluciones judiciales (Providencias y Autos) y nunca contra las resoluciones del Letrado de la Administración de Justicia (Diligencias de Ordenación y Decretos), por mucho que en algunos Juzgados se exija con carácter general. Y es que la Disposición Adicional 15ª LOPJ se dictó antes de la entrada en vigor de la posibilidad de que el Letrado de la Administración de Justicia de pudiese dictar decretos, pero no ha sido modificada desde entonces por lo que, al ser una norma que grava de algún modo al recurrente (si pierde el recurso), no se puede aplicar la analogía. Así, la referida regulación dice:

> *"3.Todo el que pretenda interponer recurso contra sentencias o autos que pongan fin al proceso o impidan su continuación, consignará como depósito:*
>
> *a) 30 euros, si se trata de recurso de queja.*
>
> *b) 50 euros, si se trata de recurso de apelación o de rescisión de sentencia firme a instancia del rebelde.*
>
> *c) 50 euros, si se trata de recurso extraordinario por infracción procesal.*
>
> *d) 50 euros, si el recurso fuera el de casación, incluido el de casación para la unificación de doctrina.*
>
> *e) 50 euros, si fuera revisión.*
>
> *4. Asimismo, para la interposición de recursos* ***contra resoluciones dictadas por el Juez o Tribunal*** *que no pongan fin al proceso ni impidan su continuación en cualquier instancia será precisa la consignación como depósito de 25 euros. El mismo importe deberá consignar quien recurra en revisión las resoluciones dictadas por el Letrado de la Administración de Justicia.*

> *Se excluye de la consignación de depósito la formulación del recurso de reposición que la ley exija con carácter previo al recurso de queja".*

Como se puede observar, en ningún momento habla de recurso de reposición contra las resoluciones del Letrado de la Administración de Justicia. Y en relación a las interlocutorias solo habla de las dictadas "por el Juez o Tribunal".

Sí están excluidos del depósito aquellos que gocen del beneficio de justicia gratuita, aplicables a los casos en los que sea necesaria la intervención de profesionales porque así lo establezca la Ley de Jurisdicción Voluntaria. Sin embargo, en los casos en los que no esté reconocido este derecho porque no haya hecho falta su intervención, la Ley no distingue y sí debe depositarse la cantidad que la Ley diga para poder tramitarse el recurso. No se ve muy factible reconocer un derecho de justicia gratuita únicamente para eximirse de dicho pago. De todos modos, en la práctica sólo se plantearía la situación expuesta en recursos contra providencias judiciales pues el art. 3.2 LJV deja muy claro que "*En todo caso, será necesaria la actuación de Abogado y Procurador para la presentación de los* ***recursos de revisión y apelación*** *que en su caso se interpongan contra la resolución definitiva que se dicte en el expediente, así como a partir del momento en que se formulase oposición*".

Parte IV

La gran reforma en materia de discapacidad (Ley 8/21)

1. EL MOTIVO DE LA REFORMA: DEL PROCESO DE INCAPACITACIÓN CONTENCIOSO AL EXPEDIENTE DE JURISDICCIÓN VOLUNTARIA DE PROVISIÓN DE MEDIDAS DE APOYO

La Ley 8/2021, de 2 de junio (que entró en vigor el 3 de septiembre de 2021), supone un hito puesto que adapta a España a la Convención de Nueva York de 13 de diciembre de 2006, de personas con discapacidad. El art. 12 de la mencionada Convención dice que las personas con discapacidad tienen capacidad jurídica en igualdad de condiciones con las demás en todos los aspectos de la vida y obliga a los Estados parte a adoptar las medidas pertinentes para proporcionar a las personas con discapacidad acceso al apoyo que puedan necesitar en el ejercicio de dicha capacidad jurídica.

También ha sido un verdadero hito para la consolidación de la Jurisdicción Voluntaria como materia. Téngase en cuenta que, anteriormente, los procesos de incapacitación eran contenciosos y se estudiaban dentro del Libro IV de la LEC. Llevando el grueso de la materia a la Jurisdicción Voluntaria ésta toma una importancia capital, potenciándola de un modo muy notable. Ya no será tan sencillo "saltarse la materia" en una asignatura de Derecho Procesal en los planes de estudio de grado.

Decía Serra Domínguez que, en su momento, la incapacitación o la división de cosa común eran procesos voluntarios con formas contenciosas. Como hemos adelantado, la incapacitación ha sido llevada al ámbito de la Jurisdicción Voluntaria a partir de la Ley 8/21. La división de cosa común sigue en ámbito contencioso para su declaración (aunque el R.D. Ley 6/2023 la ha trasladado del ordinario al verbal) si bien en el ámbito de la ejecución, la aplicación del articulado de la LJV se produce con la subasta voluntaria.

Sin duda, en principio es bueno que España se incorpore a las normativas más inclusivas y defensoras de los derechos humanos y la materia de discapacidad es especialmente sensible para que así sea. Lo que ocurre es que, como se verá, promover la autonomía del discapacitado debe compaginarse con su adecuada protección. Y determinadas personas están más necesitadas de una adecuada protección y de que se vele por su persona y patrimonio que de lo que autónomamente puedan realizar, por mucho que se quiera con buenas intenciones. Un ejemplo lo tenemos desde 2018 sobre el derecho de sufragio activo. Se eliminó la posibilidad de incluir en una sentencia la limitación de este derecho (Ley Orgánica 2/2018, de 5 de diciembre, para la modificación de la Ley Orgánica 5/1985, de 19 de junio, del Régimen Electoral General para garantizar el derecho de sufragio de todas las personas con discapacidad). Sobre el papel es muy interesante que una persona necesitada de apoyos pueda manifestar sus preferencias políticas y participar activamente en la vida pública. Sin embargo, en la realidad, se conocen casos y casos de personas que no tienen capacidad de discernir algo tan trascendente como el voto y, sin embargo, no hay forma real de limitarlo. Todos los que hemos estado en cientos de reconocimientos judiciales y forenses (y juicios) de personas a las que se les iba a incapacitar hemos escuchado contestaciones de lo más variopinto sobre quién es nuestro presidente del Gobierno, quién es el Rey o cuál es el partido gobernante. Y todas esas personas, un buen día, fueron incluidas en el censo y pueden votar igual que cualquiera, sin más control que el completamente difuso del presidente de Mesa, en el mismo acto de la elección, que, lo normal, es que no se ponga a realizar un acto de examen psiquiátrico forense del votante en ese momento. Bien, pues en materia de discapacidad para otro tipo de actos pasa igual. Por mucho que se quiera, a veces una guarda de hecho puede convertirse en insuficiente ante determinados actos que no puede alcanzar a comprender el discapacitado, por lo que lo más conveniente será la curatela representativa, con la modulación que ya el Juez establezca. En definitiva, seguir más o menos como antes de la reforma pero cambiándole el nombre al cargo (de tutor a curador representativo). Parece que, por mucho que nos empeñemos, la realidad es que la mayoría de las incapacidades completas que se dictaron, en fase de revisión (art. 42 bis c) LJV) se están convirtiendo en curatelas representativas con el detalle de todas las medidas de apoyo de las que hay que proveer al discapacitado, como se verá más adelante en el formulario correspondiente.

Sin embargo, autores como Rico García siguen pensando, a finales de 2023, que las medidas voluntarias deben ser preferentes y que se deben constituir guardas de hecho de origen legal para desjudicializar la cuestión. De las últimas resoluciones de Juzgados de instancia denegando curatelas asistenciales o representativas se debe compatibilizar la curatela representativa para aquellos casos en que es insuficiente y no funciona la guarda de hecho o cualquier otra medida voluntaria, fijando doctrina sobre su supletoriedad y complementariedad. En el subtítulo de su artículo se hace evidente su disconformidad con las sentencias citadas y menciona: "*Una vuelta de tuerca a la Ley 8/2021 de reforma civil y procesal para el apoyo a las personas con discapacidad en el ejercicio de su capacidad jurídica: ¿cambiarlo todo para que nada cambie?*"

El Tribunal Supremo se ha pronunciado recientemente:

STS 1444/2023 de 20 de octubre de 2023 **(TOL9.740.872)**

> *"Bajo la lógica de este precepto, **siempre y cuando las medidas voluntarias sean suficientes, no cabrá adoptar medidas judiciales porque no son necesarias.** Podrían serlo, si las medidas voluntarias fueran insuficientes, respecto de las necesidades de apoyo no cubiertas, y en ese caso cabría su adopción. Pero también forma parte de la ratio de la norma que la provisión judicial no deviene precisa si las necesidades de carácter asistencial y de representación, generadas por la discapacidad, están satisfechas por una guarda de hecho. Esto es lo que sucedía en el caso de que se*

ocupó la sentencia 66/2023, de 23 de enero, en el que la guarda de hecho prestada por el hijo era suficiente y no se precisaba la constitución del apoyo judicial en un proceso promovido por el Ministerio fiscal.

Conforme al sistema de provisión de apoyos instaurado por la Ley 8/2021, de 2 de junio, si existe una guarda de hecho que cubre de manera adecuada todas las necesidades de apoyo de la persona, deja de ser necesario constituir un apoyo judicial, porque la guarda de hecho es un medio legal de provisión de apoyos, aunque no requiera de una constitución formal.

*Pero **esta previsión no puede interpretarse de forma rígida,** desatendiendo a las concretas circunstancias que rodean a la persona necesitada de apoyos y la persona que los presta de hecho. Si bien es claro que existiendo una guarda de hecho que cubre suficientemente todas las necesidades de la persona con discapacidad no es necesaria la constitución judicial de apoyos, la existencia de una guarda de hecho no excluye en todo caso la constitución de un apoyo judicial.*

*Esto es lo que sucede en el caso objeto de enjuiciamiento. La persona necesitada de apoyos presenta limitaciones para expresar su voluntad, deseos, preferencias; **presenta limitaciones a la hora de tomar decisiones de manera autónoma, es una persona vulnerable y sus capacidades cognitivas-volitivas están condicionadas por la patología** que presenta; en relación con la intensidad del apoyo, requiere el apoyo más intenso (representación) en las áreas económico-jurídico-administrativo y salud. Es la persona que convive con él y que ha venido haciendo de guardadora de hecho la que pone de manifiesto ante el juzgado que para seguir desarrollando su función precisaría pasar a ser curadora con representación, en la medida en que le facilitaría su labor, tanto en el ámbito personal como en el patrimonial. En su escrito de oposición al recurso de casación del Ministerio Fiscal, la esposa explica los problemas diarios que afronta para realizar gestiones en nombre de su esposo, en las que debería firmar él, pero que no comprende ni tiene el menor interés, porque no comprende el valor del dinero, y que la esposa soluciona firmando "con autorización tácita" del esposo. Es cierto que la regulación de la guarda de hecho permite al guardador de hecho solicitar y obtener una autorización judicial para actuar en representación de la persona con discapacidad, y que la autorización puede comprender uno o varios actos necesarios para el desarrollo de la función de apoyo (art. 264 CC), **pero cuando por la discapacidad que afecta a la persona no puede prestar consentimiento y es precisa de manera diaria la actuación representativa***

de quien presta el apoyo, es obvio que la necesidad de acudir al expediente de previa autorización judicial de manera reiterada y continua revela la insuficiencia de la guarda de hecho, la falta de agilidad en su actuación y en el desempeño de la prestación de apoyos, su falta de adecuación a la necesidad del apoyo requerido y, en consecuencia, la conveniencia de una medida judicial.

(…)

Si interpretáramos de forma rígida la norma (último párrafo del art. 255 CC), descontextualizada, negaríamos siempre la constitución de una curatela si en la práctica existe una guarda de hecho; lo que se traduciría en que al revisar las tutelas anteriores, se transformaran de forma automática todas ellas en guardas de hecho. ***Esta aplicación rígida y automática de la norma es tan perniciosa como lo fue en el pasado la aplicación de la incapacitación a toda persona que padeciera una enfermedad o deficiencia, de carácter físico o psíquico, que le impidiera gobernarse por sí mismo, al margen de si, de acuerdo con su concreta situación, era preciso hacerlo.***

En situaciones como la que es objeto de enjuiciamiento y en algunas otras de revisión de tutelas, hay que evitar esta aplicación autómata de la ley. Es necesario atender a las circunstancias concretas, para advertir si está justificada la constitución de la curatela (y en otro contexto de revisión de tutelas anteriores, la sustitución por una curatela) en vez de la guarda de hecho.

Al respecto, es muy significativo que quien ejerce la guarda de hecho ***ponga de manifiesto su insuficiencia y la conveniencia de la curatela, no en vano es quien de hecho presta los apoyos.*** *Máxime cuando esta persona forma parte del núcleo familiar más íntimo, en nuestro caso la esposa con la que convive.*

La interpretación de la norma no debe dar lugar a situaciones contraproducentes para la persona que precisa de unos apoyos como consecuencia de una discapacidad y cuyos intereses pretende tutelar la norma. A la postre, deben adoptarse las medidas más idóneas para esa persona. Se da la circunstancia de que esta persona, por su situación, no manifiesta voluntad, deseo o preferencia que no sea seguir conviviendo con su esposa. Lo esencial es la prestación del apoyo que precisa y a cargo de quien es más idóneo que le asista y represente, sin que su provisión judicial tenga una connotación negativa, como tampoco la tienen la provisión voluntaria de apoyos o la propia guarda de hecho.

De tal forma que, del mismo modo que no es necesario constituir una curatela cuando los apoyos que precisa esa persona están cu-

biertos satisfactoriamente por una guarda de hecho, ***nada impide que, aun existiendo hasta ahora una guarda de hecho, pueda constituirse una curatela, si las circunstancias del caso muestran más conveniente prestar mejor ese apoyo.***

Lo argumentado hasta ahora, que corrobora la procedencia de lo resuelto en la sentencia recurrida, no entra en contradicción con las otras dos normas que se denuncian infringidas, los arts. 268 y 269 CC.

El art. 268 CC, entre las disposiciones generales de la curatela, ordena que «las medidas tomadas por la autoridad judicial en el procedimiento de provisión de apoyos serán proporcionadas a las necesidades de la persona que las precise, respetarán siempre la máxima autonomía de esta en el ejercicio de su capacidad jurídica y atenderán en todo caso a su voluntad, deseos y preferencias». Por lo que hemos apuntado ya, a la vista de los hechos acreditados en la instancia, Ruperto también precisa de un apoyo representativo en el ámbito de la salud. Con todo, en la medida en la que en el motivo segundo del recurso de casación, planteado de manera subsidiaria, se insiste en esta cuestión, nos remitimos a lo que diremos más adelante al ocuparnos de ese motivo.

El art. 269 CC, dentro de la regulación de la curatela, prescribe en el párrafo primero que la curatela se constituirá «mediante resolución motivada cuando no exista otra medida de apoyo suficiente para la persona con discapacidad». Como ya hemos hecho al interpretar el último párrafo del art. 255 CC, la norma se entiende bajo la lógica de que la insuficiencia de un apoyo informal, como es la guarda de hecho, aflora también cuando quien lo presta lo pone de manifiesto y advierte la conveniencia de una constitución formal del apoyo, que facilite en sus específicas circunstancias prestar su función de asistencia y representación del mejor modo.

El recurso de casación contiene un motivo segundo planteado de manera subsidiaria para el caso de que se mantenga la curatela. Se argumenta que la medida judicial representativa debe ser excepcional frente al modelo asistencial y que resulta desproporcionado constituir una curatela en el ámbito de las actividades cotidianas y en el ámbito sanitario, por lo que en el caso de que se constituya la curatela se solicita se restrinjan las funciones representativas al seguimiento y control de las cuentas corrientes y productos financieros, control de ingresos y gastos y los actos previstos en el art. 287 CC, por ser los únicos en los que Ruperto precisaría de un apoyo sustitutivo de la voluntad al afectar su enfermedad al proceso cognitivo de formación y manifestación de la misma.

El motivo no es respetuoso con los hechos acreditados en la instancia, pues la patología que padece Ruperto no solo afecta a su esfera patrimonial, sino también a la toma de decisiones en su esfera personal, cotidiana (qué comer, qué ropa ponerse, a lo que se refiere el fiscal en su oposición al recurso, así como con quién quiere hablar por teléfono, lo que según los informes aportados no puede realizar) y sanitaria. Ello con independencia de que, por lo que se refiere al modo de actuar, el art. 249.II CC sienta como criterio general que «las personas que presten apoyo deberán actuar atendiendo a la voluntad, deseos y preferencias de quien lo requiera» y que, cuando no sea posible determinar esa voluntad, «en el ejercicio de esas funciones se deberá tener en cuenta la trayectoria vital de la persona con discapacidad, sus creencias y valores, así como los factores que ella hubiera tomado en consideración».

TERCERO

Costas

De conformidad con lo previsto en el art. 394.4 LEC no procede imponer las costas de este recurso.

FALLO

Por todo lo expuesto, en nombre del Rey y por la autoridad que le confiere la Constitución, esta sala ha decidido

***Desestimar el recurso de casación interpuesto por el Ministerio Fiscal** contra la sentencia dictada con fecha de 14 de septiembre de 2022 por la Audiencia Provincial de Álava (Sección 1.ª), en el rollo de apelación n.º 960/2022, dimanante del juicio n.º 272/2021 del Juzgado de Primera Instancia n.º 8 de Vitoria, sin hacer declaración sobre las costas de este recurso.*

Notifíquese esta resolución a las partes e insértese en la colección legislativa.

Así se acuerda y firma.

Como con el tema del sufragio activo, otro tema también polémico pero que ha sido eliminado de nuestra legislación es el de la esterilización de incapaces (se regulaba en el CP). La normativa (L.O. 2/2020, de 16 de diciembre) que la elimina de cuajo hasta para el caso de que la propia persona discapacitada la consienta puede llegar a producir también ciertos conflictos. Insisto en que la experiencia profesional nos ha proporcionado casos en los que personas con más que dudosa capacidad para comprender lo que supone criar un hijo por su enfermedad mental pueden quedar desprotegidas en ese sentido por esta querencia por un supuesto respeto a su persona. Se es consciente de lo complicado que puede resultar acordar esta medida para un Juez pero de lo que no cabe duda es que, hasta 2020 se podía hacer si se justificaba adecuadamente con el único objetivo de proteger a la persona necesitada de apoyos.

El nuevo sistema de la Ley 8/2021, como reseña Corpas Pastor, viene a sacudir el ordenamiento jurídico español con la finalidad de reconocer la dignidad intrínseca de toda persona con el respeto absoluto a su voluntad y las preferencias de la persona con discapacidad.

Así, se suprime de forma radical la clásica distinción entre capacidad jurídica y capacidad de obrar que tanto se había desarrollado por la doctrina civilista patria como Castán Tobeñas o Albaladejo, dando rango legal al reconocimiento de idéntica capacidad jurídica para todas las personas. Pero en este ámbito, téngase en cuenta que, por ejemplo, la capacidad para testar no ha variado, pues los menores de 14 años siguen sin poder testar como tampoco lo pueden hacer (art. 663 CC) los que "*en el momento de testar no puedan conformar o expresar su voluntad ni aun con ayuda de medios o apoyos para ello*".

Como expone la Magistrada Natividad Roldán Melchor en su libro "Un año después de la Ley 8/21, conclusiones de Derecho sustantivo y procesal", se pensaba que la mayoría de los procesos de "incapacitación" no precisaban de revisión pues se trataba de ancianitos con deterioro cognitivo severo, crónico e irreversible pero también había casos como el de una chica con síndrome de Down que quería estudiar y que llevaban a plantearse seriamente si esa persona debía ser "incapacitada" y si no sería mejor un tipo de asistencia más acorde con sus intereses (sus padres la "superprotegían" y no querían que estudiase).

Así, se consideraba que se estigmatizaba a los incapacitados y la restricción indiscriminada de facultades y decisiones que muchos tenían por sentencia judicial tras un proceso, les convertía, según esta opinión, en meros espectadores en lugar de en actores de su propia vida.

En el Derecho comparado, y tal como nos expone Roldán Melchor, se siguen las siguientes modalidades:

— Francia: La Ley 2007-308 determina una protección o representación legal temporal para la realización de determinados actos (*sauvegarde de justice*) o con tutela o curatela por plazo de cinco años (excepcionalmente diez), pudiendo ser renovada, modificada o rescindida a petición del discapacitado.

— Reino Unido: en la *Equality Act* de 2010, las personas con discapacidad son valoradas por organismos administrativos para conseguir prestaciones sociales tanto para ellos como para sus cuidadores sin que se regule un sistema judicial de incapacitación y nombramiento de representantes o asistentes Sí se prevé la posibilidad de nombrar un asistente por la Corte de protección (*guardian*, para la persona o *receiver*, para el patrimonio).

— Alemania: también se habla de asistente.

— Italia: la Ley 6/2004 cambia el sistema de incapacitación total (*interdizione*) o parcial (*inabilitazione*) introduciendo en el Código Civil la figura de la *ammnistrazione di sostegno* (de apoyo).

Por tanto, como se ve, en la mayoría de los países de nuestro entorno se han adoptado los principios de la Convención de Nueva York de 2006 y España, en su adaptación, parecía algo rezagada. Así, en nuestro país existían en la Ley de Enjuiciamiento Civil los denominados procedimientos de incapacitación (art. 756 y ss. LEC), por tanto, no se había incorporado art. 12 de la Convención. También es cierto que la jurisprudencia abogaba por un cambio de modelo; así la STS 29 de abril de 2009 (**TOL1.514.778**) decía que se "*aboga por la eliminación del sistema tutelar español y la adopción de un nuevo sistema de apoyo, que requerirá de una profunda* *sino nueva reforma legislativa, proponiendo que mientras no se modifique la curatela sea reinterpretada como respuesta más idónea*".

El principal cambio jurídico consiste en que se deroga el art. 200 CC y no se ofrece concepto jurídico de qué se debe entender por persona con discapacidad.

La Ley 8/2021, como se ha adelantado, se encuentra en vigor desde el 3 de septiembre de 2021 y es aplicable en todo el territorio nacional; incluido ya Aragón, que mantenía el proceso judicial de incapacitación y régimen de tutela, pero que ha aprobado la Ley 3/2024, de 13 de junio, de modificación del Código de Derecho Foral de Aragón en materia de capacidad jurídica de las personas.

Por otra parte, en Galicia, País Vasco y Navarra se han eliminado estas referencias y en Cataluña se ha dictado el Decreto Ley 19/21, de 31 de agosto, de adaptación del Código Civil catalán a Ley 8/21, aunque ya regulaba el asistente como alternativa a tutela.

Y, como decíamos, existía una tendencia en la jurisprudencia a poner en duda determinadas figuras jurídicas relativas a las limitaciones de capacidad como, por ejemplo, la rehabilitación de la patria potestad. Así, la sentencia del Tribunal Supremo 600/15, de 4 de noviembre (**TOL5.550.396**), rechazaba la rehabilitación de la patria potestad "*por ser una medida de contenido y alcance tan amplio que colisionaba con una interpretación del apoyo como complemento y asistencia*".

Con la nueva normativa, ahora nos encontramos con medidas fácticas (guardador de hecho), medidas voluntarias (autocuratela) y medidas judiciales (defensor judicial y curatela).

Y la gran novedad es, en primer lugar, el trasvase de la materia de una Ley que regula jurisdicción contenciosa como es la Ley de Enjuiciamiento Civil a la Ley de Jurisdicción Voluntaria. Aunque, siempre que se produzca una oposición a la demanda, si se cumplen los requisitos, el procedimiento se convertiría en contencioso y volveríamos a la regulación de la LEC. En el caso ordinario y sin oposición, el tipo de procedimiento usado para la tramitación y adopción de las medidas de apoyo judiciales se considera que resulta más acorde al espíritu de la Convención regulándose en un procedimiento de Jurisdicción Voluntaria preferente y sin requisitos de postulación (salvo la persona con discapacidad, quien sí tiene que personarse con ello, art 42 bis b) 3). Como se ha adelantado, el apartado 5 prevé que la oposición a cualquier tipo de apoyo dará lugar al fin del expediente, convirtiéndose en contencioso (salvo la oposición a la designación de una persona concreta, que no lo pone fin). Eso puede provocar graves dificultades procedimentales, pues la simple negativa de una persona que no se encuentra en pleno uso de sus capacidades intelectivas y volitivas durante la entrevista por la comisión judicial dará al traste con la celeridad procedimental pretendida con la reforma. En toda comparecencia, de todos modos, deben tenerse en cuenta los ajustes del procedimiento 7 bis LJV con el facilitador y el art. 42 bis a), donde se establece que el Letrado de la Administración de Justicia debe garantizar que la persona con discapacidad cuente con ajustes razonables.

Sobre el dictamen que se debe acompañar a la demanda surgieron algunas dudas al principio de aplicación de la Ley puesto que se pensaba en la necesidad de aportar un dictamen privado con el coste que eso podría conllevar, siendo evidente, a pesar de la confusa redacción legal, que el dictamen puede ser el de el médico de familia o el trabajador social, en su caso (que se aporta gratuitamente).

> *Art. 42 bis b) LJV*
>
> *1. A la solicitud se acompañarán los documentos que acrediten la necesidad de la adopción de medidas de apoyo, así como un* ***dictamen pericial de los profesionales especializados de los ámbitos social y sanitario****, que aconsejen las medidas de apoyo que resulten idóneas en cada caso. Asimismo, se propondrán aquellas pruebas que se considere necesario practicar en la comparecencia.*

También muy importante es la obligación judicial de que las medidas de apoyo sean revisadas en un nuevo expediente de Jurisdicción Voluntaria, revisión que se llevará cada tres años como mínimo y seis como máximo (de forma excepcional y motivada). Esta regulación es bastante novedosa frente al sistema anterior de sentencia con efecto de cosa juzgada, y más aún cuando la revisión se realiza siempre en expediente de Jurisdicción Voluntaria a pesar de que la medida de apoyo pudiese ser acordada en proceso contencioso (si hubiese habido oposición o fuese de los de incapacitación anterior a la Ley 8/21).

Al poco de entrar en vigor la Ley 8/2021, el 3 de septiembre de 2021 (como se ha mencionado), fue muy destacable el dictado de la sentencia del Pleno de la sección Civil de Tribunal Supremo 589/2021, de 8 de septiembre (**TOL8.585.229**). En ella se trata de la curatela con funciones de representación cuando las medidas asistenciales se consideran insuficientes, por lo tanto se abre el camino para medidas muy similares a las de las sentencias de incapacitación total o parcial que dictaban nuestros tribunales, reconociendo que, en determinados casos (como el que ocupaba en la sentencia, un síndrome de Diógenes) las meras medidas asistenciales no son suficientes y es necesario adoptar otras medidas de apoyo con la presencia de un curador representativo.

Extractos más importantes de la STS de 8 de septiembre de 2021 (**TOL8.585.229**):

> *"**La reforma ha suprimido la tutela y concentra en la curatela todas las medidas judiciales de apoyo continuado**. En sí mismo y más allá de la aplicación de la regulación legal sobre su provisión, del nombramiento de la(s) persona(s) designada(s) curador(es), del ejercicio y la extinción, la denominación «curatela» no aporta información precisa sobre el contenido de las medidas de apoyo y su alcance. El contenido de la curatela puede llegar a ser muy amplio, desde la simple y puntual asistencia para una actividad diaria, hasta la representación, en supuestos excepcionales. Es el juez quien debe precisar este contenido en la resolución que acuerde o modifique las medidas. A la hora de llevar a cabo esta labor de juzgar sobre la procedencia de las medidas y su contenido, el juez necesariamente ha de tener en cuenta las directrices legales*

previstas en el art. 268 CC: las medidas tomadas por el juez en el procedimiento de provisión de apoyos deben responder a las necesidades de la persona que las precise y ser proporcionadas a esta necesidad, han de respetar «la máxima autonomía de esta en el ejercicio de su capacidad jurídica» y atender «en todo caso a su voluntad, deseos y preferencias». En segundo lugar, el juez no debe perder de vista que bajo el reseñado principio de intervención mínima y de respeto al máximo de la autonomía de la persona con discapacidad, la ley presenta como regla general que el contenido de la curatela consista en las medidas de asistencia que fueran necesarias en ese caso. Consecuentemente, el párrafo segundo del art. 269 CC prescribe que el juez debe precisar «los actos para los que la persona requiere asistencia del curador en el ejercicio de su capacidad jurídica atendiendo a sus concretas necesidades de apoyo». ***No obstante, cuando sea necesario, al resultar insuficientes las medidas asistenciales, cabría dotar a la curatela de funciones de representación.*** *Ordinariamente, cuando la discapacidad afecte directamente a la capacidad de tomar decisiones y de autodeterminación, con frecuencia por haber quedado afectada gravemente la propia consciencia, presupuesto de cualquier juicio prudencial ínsito al autogobierno, o, incluso, en otros casos, a la voluntad. En estos casos, la necesidad se impone y puede resultar precisa la constitución de una curatela con funciones representativas para que el afectado pueda ejercitar sus derechos por medio de su curador. El párrafo tercero del art. 269 CC, al preverlo, remarca su carácter excepcional y la exigencia de precisar el alcance de la representación, esto es, los actos para los que se precise esa representación: «sólo en los casos excepcionales en los que resulte imprescindible por las circunstancias de la persona con discapacidad, la autoridad judicial determinará en resolución motivada los actos concretos en los que el curador habrá de asumir la representación de la persona con discapacidad». En tercer lugar, el art. 269 CC establece como límite al contenido de la curatela, que no podrá incluir la mera privación de derechos. Con ello la ley quiere evitar que la discapacidad pueda justificar directamente una privación de derechos, sin perjuicio de las limitaciones que puede conllevar la medida de apoyo acordada, por eso habla de «mera privación de derechos».*

(…)

El fallo de la sentencia de primera instancia, confirmado por la de apelación, contiene dos pronunciamientos: el primero se refiere a la modificación de la capacidad de Damaso; y el segundo acuerda «como medida de apoyo la asistencia en el orden y (la) limpieza de su domicilio (...), de modo que se autoriza a la CCAA PRINCIPADO DE ASTURIAS como tutora del demandado a la entrada en el domicilio (...) con la periodicidad que estime la tutora conveniente a los efectos de limpiar y ordenar dicho domicilio, tutelando la entidad pública a Damaso solo en este preciso aspecto en las condiciones reseñadas en los fundamentos jurídicos cuarto y quinto de la presente sentencia». El primer pronunciamiento, tras la reforma de la Ley 8/2021, debe suprimirse, ya que desaparece cualquier declaración judicial de modificación de capacidad. Cuestión distinta es que la provisión de apoyos, en cuanto que debe tener en cuenta la necesidad de la persona con discapacidad y acomodarse a ella, entrañe necesariamente un juicio o valoración de los efectos de la discapacidad en el ejercicio de sus derechos y, en general, de su capacidad jurídica. En cuanto al segundo pronunciamiento, que acuerda la medida de apoyo, debemos examinar si se acomoda al nuevo régimen legal. Al margen de que pudieran sustituirse las menciones a la tutela por la curatela, lo verdaderamente relevante es examinar si el contenido de las medidas y su adopción con la oposición expresa del interesado, se acomoda al nuevo régimen legal. Para realizar este examen, debemos proyectar las reseñadas directrices legales del art. 268 CC al caso concreto. Hay que evaluar si las medidas de apoyo acordadas responden a las necesidades de la persona y están proporcionadas a esas necesidades; si respetan la máxima autonomía de Damaso en el ejercicio de su capacidad jurídica; y si se atiende a su voluntad, deseos y preferencias. En la instancia ha quedado acreditado que Damaso padece un trastorno de la personalidad, un trastorno de conducta que le lleva a recoger y acumular basura de forma obsesiva, al tiempo que abandona su cuidado personal de higiene y alimentación. El juzgado se hace eco de los informes del médico forense y los servicios sociales, que destacan, para hacerse cargo de la situación, la nula conciencia que Damaso tiene del ***trastorno que padece y de sus consecuencias, en concreto, no se percata de las graves carencias de higiene y alimentación que tiene, así como del olor nauseabundo que desprende él y la casa, que se percibe en el descansillo del piso y en la entrada del inmueble. Esta situación ha acabado por provocarle una situación de aislamiento social, incluso de sus vecinos y otrora amigos, que además padecen las consecuencias.*** *Al margen del trastorno de conducta, no se aprecian sustancialmente afectadas sus facultades cognitivas. Es objetivo que el trastorno que padece Damaso está degenerando en una degradación personal, sin que sea consciente de ello. Incide directamente en el ejercicio de su propia capacidad jurídica, también en sus relaciones sociales y vecinales, y pone en evidencia* *la necesidad que tiene de las medidas de apoyo asistenciales acordadas. Precisa de la ayuda de otras personas que aseguren la satisfacción de las necesidades mínimas de higiene personal y salubridad en el hogar, sin dejar de contar, en la medida de lo posible, con su voluntad, deseos y preferencias. Es lógico que mientras perdure la falta de conciencia de su situación y rechace la asistencia de los servicios sociales, será necesario suplir en esto su voluntad. Estas medidas, que en su ejecución, como muy bien informa el ministerio fiscal, deben tratar de contar con la anuencia y colaboración del Sr. Damaso, cuando fuera necesario podrán requerir el auxilio para la satisfacción del servicio que precisa el afectado. En principio, el ejercicio de esta función de apoyo no requiere que la curadora asuma funciones de representación, si no es para asegurar la prestación de los servicios asistenciales y de cuidado personal cuando no exista la anuencia del interesado. 5. En realidad, el principal escollo que presenta la validación de estas medidas a la luz del nuevo régimen de provisión judicial de apoyos, es la directriz legal de que en la provisión de las medidas y en su ejecución se cuente en todo caso con la voluntad, deseos y preferencias del interesado. En un caso como el presente en que la oposición del interesado a la adopción de las medidas de apoyo es clara y terminante, cabe cuestionarse si pueden acordarse en estas condiciones. Esto es, si en algún caso es posible proveer un apoyo judicial en contra de la voluntad manifestada del interesado. La propia ley da respuesta a esta cuestión. Al regular como procedimiento común para la provisión judicial de apoyos un expediente de jurisdicción voluntaria (arts. 42 bis a], 42bis b] y 42 bis c] LJV), dispone que cuando, tras la comparecencia del fiscal, la persona con discapacidad y su cónyuge y parientes más próximos, surja oposición sobre la medida de apoyo, se ponga fin al expediente y haya que acudir a un procedimiento contradictorio, un juicio verbal especial (art. 42 bis b]. 5 LJV). Es muy significativo que «la oposición de la persona con discapacidad a cualquier tipo de apoyo», además de provocar la terminación del expediente, no impida que las medidas puedan ser solicitadas por un juicio contradictorio, lo que presupone que ese juicio pueda concluir con la adopción de las medidas, aun en contra de la voluntad del interesado. En realidad, el art. 268 CC lo que prescribe es que en la provisión de apoyos judiciales hay que atender en todo caso a la voluntad, deseos y preferencias del afectado. El empleo del verbo «atender», seguido de «en todo caso», subraya que el juzgado no puede dejar de recabar y tener en cuenta (siempre y en la medida que sea posible) la voluntad de la persona con discapacidad destinataria de los apoyos, así como sus deseos y preferencias, pero no determina que haya que seguir siempre el dictado de la voluntad, deseos y preferencias manifestados por el afectado. El texto legal emplea un término polisémico que comprende, en lo que ahora interesa, un doble significado, el de «tener en cuenta o en consideración algo» y no solo el de «satisfacer un deseo, ruego o mandato». Si bien, ordinariamente, atender al querer y parecer del interesado supone dar cumplimiento a él, en algún caso, como ocurre en el que es objeto de recurso, puede que no sea así, si existe una causa que lo justifique. El tribunal es consciente de que no cabe precisar de antemano en qué casos estará justificado, pues hay que atender a las singularidades de cada caso. Y el presente, objeto de recurso, es muy significativo, pues la voluntad contraria del interesado, como ocurre con frecuencia en algunos trastornos psíquicos y mentales, es consecuencia del propio trastorno que lleva asociado la falta de conciencia de enfermedad. En casos como el presente, en que existe una clara necesidad asistencial cuya ausencia está provocando un grave deterioro personal, una degradación que le impide el ejercicio de sus derechos y las necesarias relaciones con las personas de su entorno, principalmente sus vecinos, está justificada la adopción de las medidas asistenciales (proporcionadas a las necesidades y respetando la máxima autonomía de la persona), aun en contra de la voluntad del interesado, porque se entiende que el trastorno que provoca la situación de necesidad impide que esa persona tenga una conciencia clara de su situación.* ***El trastorno no sólo le provoca esa situación clara y objetivamente degradante, como persona, sino que además le impide advertir su carácter patológico y la necesidad de ayuda. No intervenir en estos casos, bajo la excusa del respeto a la voluntad manifestada en contra de la persona afectada, sería una crueldad social, abandonar a su desgracia a quien por efecto directo de un trastorno (mental) no es consciente del proceso de degradación personal que sufre****. En el fondo, la provisión del apoyo en estos casos encierra un juicio o valoración de que si esta persona no estuviera afectada por este trastorno patológico, estaría de acuerdo en evitar o paliar esa degradación personal. 6. En consecuencia con lo anterior, estimamos en parte el recurso de casación, en cuanto que dejamos sin efecto la declaración de modificación de capacidad, sustituimos la tutela por la curatela, y, en cuanto al contenido de las medidas de apoyo, las confirmamos y completamos con algunas de las propuestas del fiscal. En concreto, la revisión cada seis meses del resultado de las medidas y la incidencia práctica que hayan podido tener. A la hora de prestar el apoyo, la curadora debería esmerarse en conseguir la colaboración del interesado y sólo en los casos en que sea estrictamente necesario podrá recabar el auxilio imprescindible para ase-*

gurar el tratamiento médico y asistencial de Damaso, así como realizar las tareas de limpieza e higiene necesarias.

QUINTO Costas 1. 2. Estimado en parte el recurso de casación, no hacemos expresa condena en costas (art. 398.2 LEC). La estimación en parte de la casación, supone la estimación en parte del recurso de apelación y la estimación en parte de la demanda, razón por la cual tampoco hacemos expresa condena respecto de las costas de apelación y de primera instancia (arts. 398.2 y 394 LEC).

FALLO: Por todo lo expuesto, en nombre del Rey y por la autoridad que le confiere la Constitución, esta sala ha decidido 1. 2. Estimar en parte el recurso de casación interpuesto por Damaso contra la sentencia de la Audiencia Provincial de Asturias (Sección 5.ª) de 19 de junio de 2019 (rollo 206/2019), en sentido de, previa estimación en parte el recurso de apelación de Damaso contra la sentencia del juzgado de Primera Instancia núm. 9 de Oviedo de 18 de marzo de 2019 (juicio verbal 781/2018), acordar lo siguiente: i) La procedencia de unas medidas de apoyo a favor de Damaso de carácter esencialmente asistencial consistentes en que la entidad designada curadora realice, por una parte, los servicios de limpieza y orden de su casa (calle DIRECCION000 núm. NUM000 de Oviedo), estando, para cumplir esta función, autorizada a entrar en el domicilio con la periodicidad necesaria; y, por otra, asegurar la efectiva atención médico-asistencial del Sr. Damaso, en lo que respecta al trastorno que padece y lo que guarde directa relación con él. ii) La designación de curador para el ejercicio de las reseñadas medidas de apoyo al servicio competente de la Comunidad Autónoma del Principado de Asturias. iii) La revisión de las medidas cada seis meses. No hacer expresa imposición de las costas de los recursos de casación y apelación, ni tampoco de las de primera instancia. Líbrese a la mencionada Audiencia la certificación correspondiente con devolución de los autos y rollo de apelación remitidos. Notifíquese esta resolución a las partes e insértese en la colección legislativa. Así se acuerda y firma".

Por tanto, ante la pregunta de si puede proveerse de apoyos a las personas con discapacidad contra su voluntad, el Magistrado de la Sala Primera del Tribunal Supremo Ignacio Sancho Garriga opina que sí es posible en tanto que la propia ley procesal contempla esa posibilidad, siendo muy significativo que la oposición de la persona con discapacidad a cualquier tipo de apoyo, además de provocar la terminación del expediente de Jurisdicción Voluntaria no impide que puedan ser solicitadas mediante un juicio contradictorio. Esto supone, en el fondo que en ese juicio se podrán adoptar las medidas, a pesar de la voluntad contraria del interesado.

En este mismo sentido, la Fiscal de Sala María José Segarra Crespo opina que el Tribunal Supremo, lo que exige es un esfuerzo de motivación reforzada cuando se provea en contra de la voluntad del interesado por suponer una afectación de los derechos fundamentales. Así, solo una vez obtenidos todos los datos que rodean la toma de decisión de la persona, el Juez puede razonar de manera reforzada cuando resuelva en contra de la voluntad de la persona afectada.

Sin embargo, Luis Cayo Pérez, presidente del CERMI (Comité Español de Representantes de Personas con Discapacidad) opina que no hay ningún interés superior al de la persona con discapacidad y que nada ni nadie, ajeno a la persona, puede erigirse en instancia decisoria para enervar su eventual voluntad de solicitar o rehusar la medida de apoyo. Y llega a decir que la libertad personal, aun la que despliega equivocación y descuido "sobrepuja" el interés y convivencia decidida por instancias distintas a sí misma. No se pueden compartir estos argumentos, pues parecen desconocer que las autoridades prestan "servicios sociales" entre otras cosas, para ayudar a las personas que lo necesitan y estas teorías de que la libertad (incluida la del discapacitado en toda su extensión) es absoluta en todo caso y condición pueden llevar a la más absoluta desprotección del propio individuo.

Es útil analizar modelos de demanda y autos finales de medidas de apoyo y modelos de expedientes de revisión. Se han producido dudas en el procedimiento en cuanto a la postulación. Y también se han dado críticas en la doctrina, como si fuera una excepción que acuda al procedimiento el propio discapacitado.

En el art. 255 CC se establecen medidas de apoyo voluntarias, y se regulan los poderes y mandatos preventivos.

F.16 MODELO DE PROVIDENCIA ACORDANDO EL RECONOCIMIENTO JUDICIAL Y FORENSE DEL PRESUNTO DISCAPACITADO

Normativa aplicable: *arts. 42.bis.b.3) la Ley 15/2015, de 2 de julio, de Jurisdicción Voluntaria (LJV).*

Supuesto de hecho: *el Juez acuerda el reconocimiento judicial y forense para poder valorar las medidas de apoyo a adoptar respecto del presunto discapacitado..*

MODELO RESOLUCIÓN ACORDANDO EXAMEN PERSONA DISCAPAZ Y RECONOCIMIENTO MÉDICO FORENSE

PROVIDENCIA.

Magistrado Juez que la dicta:

Dada cuenta. Procédase por el facultativo MÉDICO FORENSE adscrito a este partido judicial para que reconozca a la persona respecto de la que se solicita medidas de apoyo y dictamine sobre los siguientes extremos:

Habilidades en la vida independiente:

- *Actividades básicas de la vida diaria: aseo, arreglo, limpieza, alimentación, ocio.*
- *Capacidades de autocuidado: movilidad, habilidades sociales, gestión de las relaciones familiares.*

Funciones elementales de manejo autónomo:

- *Habilidades sobre la salud: gestión de salud, citas médicas, consentimientos informados, tratamientos farmacológicos, terapéutios.*
- *Habilidades económicas, jurídicas, administrativas y contractuales: valor del dinero y productos básicos, realizar cálculos, manejo económico, usar dinero de bolsillo, significado de las consecuencias de procedimientos jurídico administrativos, contratos, préstamos, testamento o donaciones, otorgar poderes notariales, trámites administrativos.*
- *Competencias en relación con el presente procedimiento: alcance, consecuencias.*
- *Manejo de armas de fuego.*

— *Manejo de vehículos de motor.*

Deberá remitir su informe en el plazo de, al menos, DIEZ DíAS antes del señalamiento del que será avisado y preferentemente por medios electrónicos, en todo caso cuidando que la forma sea la más adecuada para la protección de los datos de la persona a que se refiere el informe.

Requiérase al promotor del expediente para que manifieste si D.X percibe algún tipo de ayuda económica y social del algún organismo, agencia o entidad, a fin de poder recabar informe sociofamiliar si fuere necesario.

Cítese, para su asistencia al acto de la vista, a los parientes más próximos de la persona sobre la que solicitan medidas de apoyo, que constan en autos, a efectos de ser oídos sobre la procedencia de las medidas de apoyo y, en su caso, sobre la persona que deba encargarse de la custodia del presunto discapaz, de cuya asistencia cuidará el promotor del expediente o, en su caso, solicite su citación.

Lo acuerda y firma S.Sª. Doy fe.

(Realizado sobre formulario de Juzgados de Primera Instancia e Instrucción de Alcorcón-Madrid)

2. LA INSTITUCIONALIZACIÓN DE LA GUARDA DE HECHO COMO MEDIDA IDEAL DE APOYO PARA EL LEGISLADOR

La medida de apoyo fáctica informal que se establece es la guarda de hecho. Para Sales Jiménez, esta medida se trata de la alternativa más viable y que menos atenta contra los derechos del discapaz, en el caso de que se realice de manera correcta. Consiste fundamentalmente en que un familiar, integrante del grupo básico de solidaridad, no precisa de investidura judicial formal que la persona con discapacidad tampoco puede llegar a desear. Como recoge Natividad Roldán, la Fiscalía de Sevilla llegó a la conclusión de que cuando existía un guardador de hecho en la práctica no debía informarse favorablemente sobre la adopción de medidas judiciales. Por tanto, se dan situaciones en las que se resuelve con la desestimación de la demanda por considerar que el familiar ya ejerce de guardador de hecho en la práctica. Sin embargo, esta forma de actuar puede ocasionar inconvenientes en determinados contextos, como en peticiones de recursos sociales, pensiones, plazas residenciales, solicitudes a bancos... La condición de guardador de hecho se puede demostrar con el Libro de Familia (aunque ya no se expidan, sigue siendo un documento oficial), la concesión del grado de dependencia, el certificado de empadronamiento... Así lo reconoce la profesora De Lucchi López-Tapia, que expone que las entidades bancarias, desde que se aprobó la Ley, vienen poniendo muchas pegas a la actuación asistencial del guardador de hecho, negándoles la intervención en estos asuntos respecto del discapacitado. Por tanto, una cosa es lo que la Ley dice de desjudicialización y, otra, la realidad práctica que, al final, lo único que puede producir son ciertos efectos perniciosos, siendo más sencillo que exista desde el principio de una resolución judicial que ampare el actuar de la persona que se encarga de proteger al discapacitado y, a la postre, al propio discapacitado. Por tanto, no cabe duda de que siempre será mejor disponer de esa resolución judicial.

Como dice Planas Ballvé, el guardador de hecho queda, de todos modos, sujeto a un deber de información, así como a la rendición de cuentas de su actuación cuando sea requerido por el Juez (art. 265 CC). Para dicha solicitud se incoará a través de un expediente de Jurisdicción Voluntaria.

Cuando en el expediente de Jurisdicción Voluntaria para la provisión de medidas de apoyo, tras la entrevista con la persona con discapacidad y la práctica de las pruebas necesarias se advierta que existe una guarda de hecho adecuada y suficiente, según el espíritu de la Ley, procedería dictar auto de archivo sin adoptar las medidas; eso sí, dejando constancia de la existencia de la guarda de hecho y reseñar las funciones que el CC atribuye al guardador. De este modo, no precisaría de autorización judicial para solicitar prestaciones económicas que no sean de gran trascendencia, realizar actos jurídicos sobre bienes de escasa relevancia económica y que carezcan de especial significado personal. Pero, como es sabido, esto no es tan sencillo, por la costumbre de bancos y administraciones de solicitar una resolución judicial detallada. Por ello, los guardadores van al proceso de Jurisdicción Voluntaria aunque solo sea para declarar que no es precisa la institución porque existe guardador de hecho. Resoluciones que en teoría son "jurídicamente innecesarias" pero que, en la práctica, son esenciales para la mejor protección del discapacitado.

No existe criterio unánime (y sigue sin existir), puesto que, a pesar de considerar ajustada la reforma, existen Tribunales que nombran medidas de apoyo judiciales aun habiéndose acreditado la existencia de guarda de hecho, entendiendo que es preferible resolver designando curador ante las dudas jurídicas que para otros interlocutores puede suscitar la inexistencia de resolución judicial nombrando a un asistente para la persona con discapacidad. Se entiende completamente razonable este modo de actuar, puesto que no pronunciarse sobre el asunto puede llegar a dejar indefenso y sin protección al presunto discapaz.

El Tribunal Supremo, en STS 1443/2023 (**TOL9.740.661**) y 1444/2023 (**TOL9.740.872**), ambas de 20 de octubre, resuelven sobre guardas de hecho llevadas a cabo por familiares cercanos que solicitan que se adopte una curatela representativa, oponiéndose el Ministerio Fiscal porque entiende que esas necesidades ya estaban prestadas por la guarda de hecho. La realidad es que, de acuerdo con el art. 255 CC -tal como refleja Planas Ballvé-, si las medidas voluntarias son suficientes no cabe adoptar judiciales, pero éstas pueden ser necesarias si las voluntarias no alcanzan. Por tanto, siempre habrá que estar al caso concreto y puede llegar a ser procedente la constitución de la curatela representativa, aun existiendo guarda de hecho. Aunque a esto algunos le llamen "judicializar la guarda de hecho" (De Lucchi López-Tapia) y "ahogue" el espíritu del legislador, la realidad se impone a esos criterios, siempre en beneficio de la persona necesitada de apoyo.

F.17 MODELO DE "SENTENCIA" (AUTO) DENEGANDO LA CONSTITUCIÓN DE GUARDA DE HECHO

Normativa aplicable: *arts. 42.bis.b) la Ley 15/2015, de 2 de julio, de Jurisdicción Voluntaria (LJV). Art. 250.4 Código Civil (CC).*

Supuesto de hecho: *el Juez dicta "sentencia", aunque en Jurisdicción Voluntaria debería ser "auto", en el que acuerda denegar la constitución de una guarda de hecho por la preexistencia previa de la misma.*

MODELO "SENTENCIA" DENEGANDO GUARDA DE HECHO

En X, a Y

ANTECEDENTES DE HECHO

PRIMERO.— Por D. X se promovió demanda de medidas de apoyo de capacidad de D.Y con nombramiento de curador representativo en la persona de D.Z

SEGUNDO.— Dada a la solicitud el trámite legalmente previsto en el art. 42 bis b de la Ley 15/2015, de 2 de julio, de Jurisdicción Voluntaria, se practicó la prueba de reconocimiento del médico forense, judicial y de audiencia a parientes.

Tras la práctica de la prueba, la parte solicitante se ratificó en su solicitud y el Ministerio Fiscal concluyó que se debía oponer a la misma ante la existencia de una guarda de hecho.

FUNDAMENTOS DE DERECHO

PRIMERO.— Por Ley 8/21, de 2 de junio, cuya entrada en vigor tuvo lugar el 3 de septiembre de 2021 se ha reformado la legislación civil y procesal para el apoyo a las personas con discapacidad en el ejercicio de su capacidad jurídica. Así lo contempla la Sentencia del Tribunal Supremo de 8 de junio de 2021 en el siguiente sentido: "la provisión de apoyos judiciales deja de tener un carácter preferente y se supedita a la ausencia o insuficiencia de las medidas previstas por el propio interesado. Y, en cualquier caso, como dispone el art. 269 CC, "las medidas, tomadas por la autoridad judicial en el procedimiento de provisión de medidas de apoyos serán proporcionadas a las necesidades de la persona que las precise, respetarán siempre la máxima autonomía de esta en el ejercicio de la capacidad jurídica y atenderán en todo caso a su voluntad, deseos y preferencias".

Consiguientemente, el anterior régimen de guarda legal (tutela y la curatela) para quienes precisan el apoyo de modo continuado, ha sido reemplazado por la curatela, cuyo contenido y extensión debe ser precisado por la resolución judicial que la acuerde "en armonía con la situación y circunstancias de la persona con discapacidad y con sus necesidades de apoyo" (párrafo 5 del art. 250 CC).

Según la nueva regulación las medidas de apoyo para el ejercicio de la capacidad jurídica de las personas que lo precisen son, al margen de la naturaleza voluntaria (los poderes y mandatos preventivos), la guarda de hecho, la curatela y el defensor judicial, medidas que se adoptarán teniendo en cuenta la intervención del apoyo es ocasional o de modo continuado, aunque la guarda de hecho no precisa de una investidura judicial formal.

SEGUNDO.— El Ministerio Fiscal, que legal y estatutariamente vela por los intereses de los menores de edad y discapacitados, se opone a la solicitud, entendiendo que no concurre en el presente caso la necesidad de adoptar ninguna medida de apoyo judicial, sin que la guarda de hecho requiera tal resolución judicial, criterio que se adoptará, entendiendo que de la prueba practicada, que a persona presenta una discapacidad irreversible conforme a informe médico forense, pero se encuentra permanentemente atendido por familiares con los que convive sin conflicto de intereses de género alguno, por lo que concurre dicha situación necesitando autorización judicial para actos jurídicos concretos expresados en el art. 287 del Código Civil.

TERCERO.— No ha lugar a efectuar expresa condena en costas dado la naturaleza pública de los intereses en litigio y de la ausencia de mala fe en cualquiera de los litigantes.

Vistos los preceptos legales citados y demás de general y pertinente aplicación:

FALLO

Que se desestima la solicitud de medida de apoyo judicial a la capacidad de D. X.

Todo ello sin especial pronunciamiento sobre costas.

(Realizado sobre formulario de Juzgados de Primera Instancia e Instrucción de Alcorcón-Madrid)

Esta “sentencia” es muy discutible por varios aspectos. Primero, desde el punto de vista formal, desde la nueva Ley 8/21, los expedientes de provisión de medidas de apoyo sin oposición no salen del ámbito de la Ley de Jurisdicción Voluntaria, por lo que la resolución final ha de ser un auto o decreto según tenga la competencia para resolver el Juez o el Letrado de la Administración de Justicia respectivamente (en el caso que nos ocupa, el Juez). Por ello, no cabe dictar sentencias en estos supuestos, sólo si hubiese oposición y la tramitación fuese la de la LEC (arts. 756 y ss.). De hecho, en el Boletín estadístico del CGPJ que se realiza todos los trimestres, no hay casilla para sentencias de Jurisdicción Voluntaria, puesto que la propia LJV no lo prevé.

Segundo, desde el punto de vista material, se considera que se deja en grave indefensión al discapacitado al denegar si quiera que se nombre guardador de hecho y se faculte al mismo a realizar las facultades que la ley le otorga. Aunque se cree que lo preferible, para los casos más comunes y más intensos de discapacidad es la curatela representativa, la fijación de la guarda de hecho siempre sería preferible antes que la denegación de la misma, como acuerda esta resolución.

Por otra parte, también se puede nombrar una medida de apoyo (**TOL8.744.555** AP Valencia de 20-10-21) a una hermana porque su madre guardadora de hecho ya no se encuentra en condiciones. En cualquier caso, cuando estamos ante actos jurídicos o económicos de gran trascendencia, el guardador de hecho deberá acudir a los Juzgados para pedir autorización expresa (287 CC).

Según el art. 265 CC, la autoridad judicial puede requerir al guardador de hecho en cualquier momento, de oficio o a instancia de parte o del Ministerio Fiscal para que informe sobre su actuación o rinda cuentas.

Así, el art. 266 CC establece que el guardador de hecho, tiene derecho al reembolso de gastos y daños, y ha de acreditarse por expediente de Jurisdicción Voluntaria.

En el art. 264 CC se dispone el supuesto en el que el guardador de hecho debe llevar a cabo una actuación representativa. Para ello, habrá que iniciar un expediente de Jurisdicción Voluntaria para los supuestos del art. 287 CC, si bien se excepciona aquellas disposiciones que sean de escasa relevancia. Determinar la escasa relevancia (concepto jurídico indeterminado) también es complicado y puede dar lugar a conflictos, hasta que sean resueltos por la jurisprudencia y se determine a qué se considera "escasa".

Como dispone el Auto 48/2022 de 4-3-22 del Juzgado de Primera Instancia e Instrucción nº2 de Tafalla (Navarra) —referenciado por Roldán Melchor—, el ingreso en centro residencial es un acto de suficiente trascendencia personal y familiar, para que el guardador de hecho precise de autorización judicial.

De acuerdo con el art. 250 CC, se regula la figura del guardador de hecho al margen de la dirección del centro residencial (guarda de hecho institucional, servicios sociales en caso de que no haya familiares).

El guardador de hecho -como decía el profesor Navarro Mendizábal- es "digno de loa", pero sí que es cierto que, tanto él como la persona a la que guarda es bueno que tengan un amparo legal correctamente establecido, lo que la curatela representativa proporciona de manera adecuada en la mayor parte de los casos.

También existen medidas de apoyo judicial ocasional, como el defensor judicial, regulado en el art. 295 CC. Con la legislación anterior, intervenía cuando el Ministerio Fiscal solicitaba la incapacitación. En la actualidad se trata de una institución que sirve de complemento de capacidad (arts. 6,7 y 8 LEC) designado por el Letrado de la Administración de Justicia y asiste a la persona con discapacidad en juicio o cuando se suscite conflicto de intereses con el curador. También el defensor judicial actúa como medida específica regulada en los arts. 295.4 y 6 CC, en relación con el art. 250 CC.

Los arts. 93 y 94 LJV prevén el procedimiento a seguir para obtener autorización judicial los defensores cuyo nombramiento no alcanza el acto representativo que se pretende llevar a cabo. Sirve para administrar mientras se decide el expediente de medidas de apoyo pero no alcanza para repudiar una herencia o aceptarla a beneficio de inventario, pues en estos casos se debe promover otro procedimiento. Se trataría de supuestos en los que los discapacitados no tengan guardador de hecho y, por ello no pueda instar el art. 287 CC. Así, si el discapaz carece de asistencia de cualquier tipo entraría en juego el defensor judicial.

3. LA CURATELA REPRESENTATIVA PARA UNA GRAN MAYORÍA DE CASOS Y UNA MAYOR PROTECCIÓN DEL DISCAPAZ

Y además de medidas de apoyo temporal, como se ha estudiado, existen medidas de apoyo continuado. Es, fundamentalmente, la curatela. Esta institución, con la legislación anterior era secundaria, pero ahora, desde la Ley 8/2021, se torna en principal, a costa de la tutela que solo se establece para los menores, no para los discapacitados. Algunos organismos administrativos dedicados a la protección de estas personas incluso han tenido que cambiar su nombre, como es el caso de la Comunidad de Madrid, donde se ha pasado del AMTA (Agencia Madrileña de Tutelas de Adultos) al AMAPAD (Agencia Madrileña de Apoyo a Personas Adultas con Discapacidad). De todos modos, la institución de la curatela sólo entra en funcionamiento si no existen medidas voluntarias o de hecho. Y, a partir de ahí, se distingue entre curatela representativa y curatela asistencial.

El espíritu de la nueva normativa es que la curatela representativa sea última *ratio*, es decir, para personas como pueden ser los ancianos con una enfermedad de Alzheimer avanzada. A estas personas, si es posible, se les atiende por la familia y exclusivamente cuando se requiera un nombramiento judicial (actos jurídicos patrimoniales con entidades bancarias y con Notarios) deben acudir a los juzgados. Se regula en el art. 249 CC, a pesar del esfuerzo legislativo considerable. Ya no nos encontraremos en presencia de una incapacitación general, en la actualidad hay que precisar las medidas de apoyo, al máximo detalle (véase seguidamente el modelo-formulario con las facultades recogidas en la parte dispositiva del auto).

Como se adelantó *supra*, si se niega a ser asistido, la STS 589/21 de 8 septiembre **(TOL8.585.229)**, sobre el síndrome de Diógenes nos aclara muchas cuestiones controvertidas. Y es que se consagra la idea de que la oposición del discapacitado a la provisión de medidas de apoyo puede terminar el expediente pero esto no impide que las medidas puedan ser solicitadas en un juicio contradictorio, lo que presupone que ese juicio pueda concluir con la adopción de las medidas, aun en contra de la voluntad del interesado. Todo ello amparado en el art. 268 CC pues existe obligación de atender en todo caso a pesar de la voluntad. Si existe con voluntad contraria, como ocurre con frecuencia por trastornos, y esa negativa a la asistencia es consecuencia del propio trastorno que lleva asociado la falta de conciencia de enfermedad, existe una clara necesidad asistencial cuya ausencia conllevará graves deterioros para la persona discapaz y para los que se encuentran en su entorno. Por ello, en estos casos está justificada la adopción de medidas de apoyo aun en contra de la voluntad del discapaz. En conclusión, el Tribunal Supremo estima muy acertadamente que no intervenir en estos casos, bajo la excusa del respeto a la voluntad de la persona, puede llegar a rozar la crueldad, pues consiste en abandonar a su desgracia a la persona necesitada de protección. Según el art. 272 CC, existe libertad para nombrar a cualquier persona, estimando que sea la más adecuada para el cargo, bajo la discrecionalidad del Juez.

F.18 MODELO DE PARTE DISPOSITIVA DE AUTO ACORDANDO CURATELA REPRESENTATIVA CON PROVISIÓN DE MEDIDAS DE APOYO

Normativa aplicable: *art. 42.bis.b) la Ley 15/2015, de 2 de julio, de Jurisdicción Voluntaria (LJV). Arts. 250 y 287 del Código Civil (CC).*

Supuesto de hecho: *el Juez dicta auto acordando las concretas situaciones en las que el discapacitado necesita que el curador le represente ante la vida civil.*

PARTE DISPOSITIVA

— *Que ESTIMANDO la demanda interpuesta, DEBO DECLARAR Y DECLARO que procede la adopción de medidas de apoyo continuado para el ejercicio de la capacidad jurídica de Dª, en lo que atañe a:*

— *CUIDADO PERSONAL: aseo personal, vestido, alimentación y desplazamiento.*

— *HABILIDADES DE LA SALUD: realizar seguimiento de su salud, acudir a las citas médicas programadas o necesarias en función del estado de la paciente, control de la medicación, proveerle los medios necesarios para asegurar que reciba la medicación prescrita y consentimiento en los tratamientos.*

— *ACTIVIDADES INSTRUMENTALES COTIDIANAS: proveerle de un lugar de residencia adecuado a sus circunstancias, compra, elaboración de la comida, limpieza de la casa, llamadas telefónicas…*

— *HABILIDADES ECONÓMICO-JURÍDICO-ADMINISTRATIVAS: otorgamiento de poderes, control de ingresos y gastos de la cuenta bancaria, actos de disposición patrimonial tales como dar o recibir dinero a préstamo o constituir aval o fianza, enajenar o gravar bienes inmuebles, establecimientos mercantiles o industriales, bienes de especial significado personal o familiar, bienes muebles de extraordinario valor, objetos preciosos y valores mobiliarios, dar inmuebles en arrendamiento, otorgar testamento, realizar donaciones, renunciar a derechos o aceptar cualquier herencia sin beneficio de inventario o repudiarla; así como hacer gastos extraordinarios y celebrar contratos de seguro de vida, renta vitalicia y otros análogos.*

El apoyo para la realización de las tareas a que se refiere el Fundamento de Derecho Anterior será prestado por su HIJA Dª X, quien es designada curadora asistencial para todos los actos de la vida diaria y curadora representativa con faculta de representación respecto a la salud (realizar seguimiento de la salud, acudir a las citas médicas programadas o necesarias en función del estado de la paciente, control de la medicación, proveerle los medios necesarios para asegurar el consentimiento en los tratamientos médicos e intervenciones quirúrgicas), las ACTUACIONES ECONÓMICO-ADMINISTRATIVAS, las ACTUACIONES JUDICIALES, PROCESALES Y RECLAMACIONES ADMINISTRATIVAS DE TODO TIPO, con las consecuencias inherentes a dicha declaración.

Las medidas de apoyo adoptadas judicialmente serán revisadas periódicamente en un plazo máximo de seis años desde la firmeza de la presente resolución, sin perjuicio de proceder a su revisión si las circunstancias del caso lo hicieren aconsejable.

El curador estará obligado a hacer inventario del patrimonio de la persona en cuyo favor se ha establecido el apoyo dentro de sesenta días, a contar desde aquel en que hubiese tomado posesión de su cargo.

El curador deberá rendir cuentas de su gestión al Ministerio Fiscal anualmente y cuando fuera requerido para ello, mediante la remisión de una relación de su gestión y un inventario de los bienes y derechos que lo formen, todo ello justificado documentalmente.

Una vez firme la presente resolución se deberá dar posesión de su cargo a la curadora, previo juramento o promesa de cumplir sus obligaciones fielmente, ajustándose a la legalidad vigente y en beneficio del tutelado, instruyéndole de sus derechos y obligaciones.

Firme que sea esta resolución, líbrese la oportuna comunicación al Registro Civil donde conste inscrito el nacimiento de la persona necesitada de apoyo asistencial para las funciones indicadas y al de su domicilio, a los efectos señalados en esta resolución, así como al Registro de la Propiedad, Mercantil y de Bienes Muebles correspondiente, expresando la extensión y límites de esta declaración, así como que Dª Y queda sujeta a curatela con poder de representación, debiendo de remitirse testimonio del acta con la anotación producida.

(Realizado sobre formulario de Juzgados de Primera Instancia e Instrucción de de Alcorcón-Madrid)

4. LA REVISIÓN DE LAS MEDIDAS DE APOYO Y LOS PLAZOS

Como dice González Gutiérrez, la entrada en vigor de esta reforma ha supuesto para los órganos judiciales una auténtica sobrecarga de trabajo y un cambio sustancial en la forma en la que se tramitan estos procedimientos, influyendo en Oficinas Judiciales, Médicos Forenses y todos los operadores jurídicos que intervienen en el proceso.

En cuanto a los plazos para revisar, es muy interesante tratar cómo ya algunos tribunales se han pronunciado sobre el plazo excesivo de seis años en determinados supuestos. De este modo, la sentencia de la Audiencia Provincial de Pontevedra de 28 de abril de 2022 (**TOL9.103.768**) revoca la resolución de un Juzgado de Primera Instancia de Vigo por considerar que plazo de seis años resulta excesivo en curatela representativa de persona de 85 años por lo que es preciso fijar una medida de control adicional para rendición de cuentas y personal anual y realizar el inventario en sesenta días.

Las revisiones se han realizado, en general, de manera muy irregular según el criterio que se tuviese en los diferentes Juzgados. En los primeros meses existía gran confusión, como dice el fiscal González Gutiérrez, y disparidad de criterios sobre cómo tramitar los asuntos.

Una opción bastante conveniente ha sido aprovechar las rendiciones de cuentas anuales de los tutores nombrados según la regulación anterior para, teniendo en cuenta las actuaciones que había que realizar en ese momento, archivar los expedientes de "tutela" e incoar revisiones instadas por el Ministerio Fiscal de acuerdo con el art. 42 bis.c). Este modo de proceder ha resultado ser bastante práctico para poder llevar a cabo esta labor.

5. NOVEDADES LEGISLATIVAS EN LA LEC SOBRE CAPACIDAD DE LAS PARTES

Una importante novedad procesal de la Ley 8/2021 es la redacción del art. 7 LEC, que dispone, en relación a la comparecencia en juicio y representación:

"1. Podrán comparecer en juicio todas las personas.

2. Las personas menores de edad no emancipadas deberán comparecer mediante la representación, asistencia o autorización exigidos por la ley. En el caso de las personas con medidas de apoyo para el ejercicio de su capacidad jurídica, se estará al alcance y contenido de estas.

3. Por los concebidos y no nacidos comparecerán las personas que legítimamente los representarían si ya hubieren nacido.

4. Por las personas jurídicas comparecerán quienes legalmente las representen.

5. Las masas patrimoniales o patrimonios separados a que se refiere el número 4.º del apartado 1 del artículo anterior comparecerán en juicio por medio de quienes, conforme a la ley, las administren.

6. Las entidades sin personalidad a que se refiere el número 5.º del apartado 1 del artículo anterior comparecerán en juicio por medio de las personas a quienes la ley, en cada caso, atribuya la representación en juicio de dichas entidades.

7. Por las entidades sin personalidad a que se refiere el número 7.º del apartado 1 y el apartado 2 del artículo anterior comparecerán en juicio las personas que, de hecho o en virtud de pactos de la entidad, actúen en su nombre frente a terceros.

8. Las limitaciones a la capacidad de quienes estén sometidos a concurso y los modos de suplir las se regirán por lo establecido en la Ley Concursal.

(Se añade el apartado 8 por la disposición final 3.1 de la Ley 22/2003, de 9 de julio).

También es muy relevante el art 7.bis LEC donde se establecen los ajustes para las personas con discapacidad:

1. En los procesos en los que participen personas con discapacidad, se realizarán las adaptaciones y los ajustes que sean necesarios para garantizar su participación en condiciones de igualdad.

Dichas adaptaciones y ajustes se realizarán, tanto a petición de cualquiera de las partes o del Ministerio Fiscal, como de oficio por el propio Tribunal, y en todas las fases y actuaciones procesales en las que resulte necesario, incluyendo los actos de comunicación. Las adaptaciones podrán venir referidas a la comunicación, la comprensión y la interacción con el entorno.

> *2. Las personas con discapacidad tienen el derecho a entender y ser entendidas en cualquier actuación que deba llevarse a cabo. A tal fin:*
>
> *a) Todas las comunicaciones con las personas con discapacidad, orales o escritas, se harán en un lenguaje claro, sencillo y accesible, de un modo que tenga en cuenta sus características personales y sus necesidades, haciendo uso de medios como la lectura fácil. Si fuera necesario, la comunicación también se hará a la persona que preste apoyo a la persona con discapacidad para el ejercicio de su capacidad jurídica.*
>
> *b) Se facilitará a la persona con discapacidad la asistencia o apoyos necesarios para que pueda hacerse entender, lo que incluirá la interpretación en las lenguas de signos reconocidas legalmente y los medios de apoyo a la comunicación oral de personas sordas, con discapacidad auditiva y sordociegas.*
>
> *c) Se permitirá la participación de un profesional experto que a modo de facilitador realice tareas de adaptación y ajuste necesarias para que la persona con discapacidad pueda entender y ser entendida.*
>
> *d) La persona con discapacidad podrá estar acompañada de una persona de su elección desde el primer contacto con las autoridades y funcionarios".*

Finalmente, el art. 8 establece la integración de la capacidad procesal:

> *"1. Cuando la persona física se encuentre en el caso del apartado 2 del artículo anterior y no hubiere persona que legalmente la represente o asista para comparecer en juicio, el Letrado de la Administración de Justicia le nombrará un defensor judicial mediante decreto, que asumirá su representación y defensa hasta que se designe a aquella persona.*
>
> *2. En el caso a que se refiere el apartado anterior y en los demás en que haya de nombrarse un defensor judicial al demandado, el Ministerio Fiscal asumirá la representación y defensa de éste hasta que se produzca el nombramiento de aquél.*
>
> *En todo caso, el proceso quedará en suspenso mientras no conste la intervención del Ministerio Fiscal".*

6. LA OPOSICIÓN AL EXPEDIENTE DEL PRESUNTO DISCAPAZ Y SUS CONSECUENCIAS

El art. 42 bis a) LJV establece que el expediente de medidas de apoyo ha de ser iniciado por la persona con discapacidad, sus familiares o el Ministerio Fiscal. La persona discapacitada actuará con su defensa y representación. En su defecto, se le nombrara defensor judicial que actuará con Abogado y Procurador.

Si se opone la persona presuntamente discapaz el expediente finalizará sin perjuicio de que se puedan adoptar medidas cautelares con una duración máxima de treinta días si no se interpone el proceso contencioso. Habrá que tener en cuenta siempre la interpretación jurisprudencial ya comentada que se configura en la STS de 8 de septiembre de 2021 **(TOL8.585.229)**, en cuanto que es posible proveer de apoyos a las personas con discapacidad contra su voluntad, eso sí, con una motivación reforzada. Sin embargo, autoras como María Paz García Rubio entienden que no se pueden adoptar medidas contra voluntad en ningún caso, pues el Estado "no comprende" a este tipo de personas y hay que respetar la voluntad siempre, sin excepción. No se comparte dicho criterio, pues, como muy bien viene a decir nuestro Alto Tribunal, a veces hay que proteger a las personas de sí mismas, y eso no es paternalismo ni coacción, es simplemente protección del vulnerable y de la sociedad en su conjunto. Bastantes garantías existen ya en un Estado de derecho para que eso sea así. Y así lo ha sido durante los casi 43 años que hemos vivido con nuestra Constitución hasta la aprobación de la mencionada Ley 8/2021.

No se considerará oposición, en ningún caso, la mera discusión sobre qué persona debe ser curadora.

Dice Rebeca Castrillo Santamaría que la regulación solo se ha realizado para "enredar", puesto que la oposición hace saltar por los aires el expediente y habría que volver a empezar, por lo que es necesaria siempre una reinterpretación judicial de los preceptos para adaptarla al mejor interés de la persona con discapacidad.

En los expedientes de revisión también se produce una nueva entrevista. Y podría darse la posibilidad de convertirse en contencioso.

Tal como se adelantó *supra,* el expediente de revisión se está iniciando cuando el antiguo tutor o curador presenta la cuenta anual. Con ella se da fin a la pieza de tutela que se encontraba abierta y se inicia la revisión, de la que derivará después la pieza de curador donde se presentarán las rendiciones de cuentas anuales, en su caso.

Parte V

El futuro de la Jurisdicción Voluntaria y la Ley de Eficiencia Procesal. La "Ley Trans", el R.D.Ley 6/23 y los trabajos parlamentarios actuales

1. EL PROYECTO DE LEY DE EFICIENCIA PROCESAL DE 22 DE ABRIL DE 2022.

El Proyecto de Ley de Eficiencia Procesal de 22 de abril de 2022 no aportaba muchas novedades a la Ley de Jurisdicción Voluntaria. Una de las principales cuestiones que introducía eran los llamados Medios Adecuados de Solución de Controversias (MASC), pero expresamente se excluía la Jurisdicción Voluntaria de la necesidad de acudir a un MASC para presentar la demanda. Esto es completamente lógico, puesto que si una de las cuestiones que caracterizan la materia es la agilidad y rapidez, introducir un MASC iría en contra de ese espíritu. Además, la propia conciliación tanto judicial como notarial o registral son un expediente de Jurisdicción Voluntaria en sí mismo que con la pretendida reforma se convirtió en MASC, como se estudiará más adelante.

Así, la Exposición de Motivos, en su apartado II decía:

> *"Tampoco se exigirá actividad negociadora previa como requisito de procedibilidad cuando se pretenda iniciar un procedimiento para la tutela judicial civil de derechos fundamentales; la adopción de las medidas previstas en el art. 158 del CC, cuando se solicite autorización para el internamiento forzoso por razón de trastorno psíquico conforme a lo dispuesto en el art. 763 LEC, cuando se pretenda la tutela sumaria de la tenencia o posesión o la resolución igualmente sumaria de demoliciones o derribos de obra en estado de ruina o que amenacen con causar daños; ni en deter-*

> *minados procedimientos de protección de menores. Por último, tampoco será necesario acudir a un medio adecuado de solución de* ***controversias para la iniciación de expedientes de jurisdicción voluntaria".***
>
> En el apartado V de la Exposición de Motivos se decía que *"en el ámbito de la jurisdicción voluntaria,* ***se concentra la competencia judicial territorial*** *para la aceptación y aprobación de la herencia cuando sea llamado a ella un menor o persona con discapacidad. La medida agilizará la resolución y evitará la dicotomía normativa actualmente existente sobre competencia territorial para el conocimiento de este tipo de expedientes"*

Así, la Disposición final séptima establece la modificación del art. 94 LJV:

> *Modificación de la Ley 15/2015, de 2 de julio, de la Jurisdicción Voluntaria. La Ley 15/2015, de 2 de julio, de la Jurisdicción Voluntaria, queda modificada como sigue: Único. Se modifica el apartado 1 del artículo 94, que queda redactado como sigue: «1. Será competente para conocer de estos expedientes, cuya tramitación se ajustará a las normas comunes de esta ley, el Juzgado de Primera Instancia del último domicilio o, en su defecto, de la última residencia del causante y, si lo hubiere tenido en país extranjero, el del lugar de su último domicilio en España o donde estuviere la mayor parte de sus bienes, a elección del solicitante.* ***Cuando sea llamado a la herencia un menor o persona con medidas judiciales de apoyo de personas con discapacidad, será competente para su conocimiento el Juzgado de Primera Instancia del lugar en que éstos residan.***

Como dice Valero Canales, el Proyecto de Ley de Eficiencia Procesal trata la conciliación civil judicial como un MASC más (art. 13.5). Sin embargo, esto es criticado porque se considera que no es una solución extrajudicial y es que no evita la litigiosidad al tener que conocer del asunto un Juzgado de Primera Instancia o de lo Mercantil. Además, el Juez podría llegar a intervenir se interpusiera un recurso contra el decreto final del Letrado de la Administración de Justicia. Por otra parte, a la conciliación no se le considera actividad negociadora, en tanto no existe tranquilidad ni tiempo en los Juzgados y Tribunales hoy en día para llevar a buen término un proceso de negociación.

Además, no se trata tampoco de un proceso confidencial y no se adecua a la necesidad de acreditar la buena fe. En definitiva, el Letrado de la Administración de Justicia no puede emitir el documento del art. 9 PLEP, por lo que se entiende que no es un medio adecuado. Sin embargo, probablemente sería uno de los medios más usados al ser el único gratuito completamente para solventar el requisito de procedibilidad que se establece en el PLEP para iniciar cualquier demanda salvo las excepcionadas en el propio articulado.

Los otros medios que se establecen son:

— Mediación.

— Conciliación ante Notario o Registrador.

— Negociación directa entre partes o a través de abogados.

— Conciliación privada.

— Oferta vinculante confidencial (el Abogado es preceptivo si la cuantía supera los 2.000 euros, salvo que exista ley específica).

— Opinión de experto independiente.

— Reclamación extrajudicial en acciones de consumidores y usuarios a profesionales o empresas.

— Reclamaciones de usuarios de servicios financieros frente al Banco de España, CNMV… (arts. 13 a 17 PLEP).

Así pues, la única modificación relevante era la modificación del art. 93 LJV en cuanto al cambio de competencia territorial para conocer del expediente de aceptación o aprobación de herencia, que pasa a ser el de la residencia del menor o discapacitado, evitándose así los problemas que este articulo planteaba en concurrencia con el art. 62 LJV, puesto que en algunas ocasiones se intentaban acumular ambos expedientes pero no existía competencia común (el Tribunal Supremo lo interpretó de otro modo, Auto de 7 de junio de 2022, **TOL9.049.266**).

2. LA DENOMINADA "LEY TRANS"

Otra Ley que, esta sí —pues se encuentra en vigor—, introduce nuevos expedientes de Jurisdicción Voluntaria es la Ley 4/2023, conocida popularmente como "Ley Trans".

Se añade por la disposición final 13.1 de la Ley 4/2023, de 28 de febrero y publicado en el BOE de 1 de marzo de 2023, entrando en vigor el 2 de marzo de 2023.

CAPÍTULO I BIS

De la aprobación judicial de la modificación de la mención registral del sexo de personas mayores de doce años y menores de catorce

Artículo 26 bis. Ámbito de aplicación.

Se aplicarán las disposiciones de este Capítulo para recabar aprobación judicial para la modificación de la mención registral del sexo por personas mayores de doce años y menores de catorce.

Artículo 26 ter. Competencia, legitimación y postulación.

1. Será competente para conocer de este expediente el Juzgado de Primera Instancia del domicilio de la persona cuya mención registral pretenda rectificarse o, si no lo tuviera en territorio nacional, el de su residencia en dicho territorio.

2. Podrán promover este expediente las personas mayores de doce años y menores de catorce, asistidas por sus representantes legales. En el supuesto de desacuerdo de los progenitores o representante legal, entre sí o con la persona menor de edad, se procederá al nombramiento de un defensor judicial de conformidad con lo previsto en los artículos 235 y 236 del Código Civil.

3. Si el expediente se insta por una persona menor con discapacidad, deberán disponerse en su favor las medidas de apoyo que pueda precisar.

4. En la tramitación del presente expediente no será preceptiva la intervención de abogado ni procurador.

Artículo 26 quater. Tramitación.

1. El expediente, que será de tramitación preferente, se iniciará mediante solicitud en la que la persona legitimada manifieste su disconformidad con el sexo mencionado en su inscripción de nacimiento y solicite autorización judicial para que se proceda a la correspondiente rectificación registral de la mención al sexo y, en su caso, al nombre que aparece en la inscripción.

2. La solicitud deberá venir acompañada de cualesquiera medios documentales o testificales acreditativos de que la persona que insta el expediente ha mantenido de forma estable la disconformidad a la que se refiere el apartado anterior.

Admitida a trámite la solicitud, el Juez citará a comparecer al solicitante y, en su caso, a sus representantes legales, a las demás personas que estime oportuno, así como al Ministerio Fiscal.

3. El Juez podrá solicitar la práctica de las pruebas que considere necesarias para acreditar la madurez necesaria del menor y la estabilidad de su voluntad de rectificar registralmente la mención a su sexo, tendrá en consideración en todo momento el interés superior de la persona menor de edad y le facilitará la información sobre las consecuencias jurídicas de la rectificación solicitada y toda la información complementaria que proceda, en un lenguaje claro, accesible y adaptado a sus necesidades.

Deberá informarle asimismo de la existencia de las medidas de asistencia e información que estén a disposición de la persona solicitante en los ámbitos sanitario, social, laboral, educativo y administrativo, incluyendo medidas de protección contra la discriminación, promoción del respeto y fomento de la igualdad de trato. Igualmente, pondrá en conocimiento de la persona menor de edad legitimada la existencia de asociaciones y otras organizaciones de protección de los derechos en este ámbito a las que puede acudir.

4. Para su intervención como testigos serán idóneas todas las personas mayores de edad aun cuando estén ligadas a la persona solicitante por parentesco, por consanguinidad o afinidad en cualquier grado, vínculos de adopción, tutela o análogos, o relación de amistad.

Artículo 26 quinquies. Resolución.

1. Previa audiencia de la persona menor, el Juez resolverá sobre la concesión o denegación de la aprobación judicial, considerando en todo caso el interés superior del menor de edad y previa comprobación de su voluntad estable de modificar la inscripción registral y de su madurez suficiente para comprender y evaluar de forma razonable e independiente las consecuencias de su decisión.

La concesión no podrá estar condicionada a la previa exhibición de informe médico o psicológico relativo a la identidad sexual, ni a la previa modificación de la apariencia o función corporal de la persona a través de procedimientos médicos, quirúrgicos o de otra índole.

2. El testimonio de dicha resolución se remitirá al Registro Civil competente para proceder, en su caso, a la inscripción de la rectificación aprobada judicialmente.

CAPÍTULO I TER

De la aprobación judicial de la nueva modificación de la mención registral relativa al sexo con posterioridad a una reversión de la rectificación de la mención registral

Artículo 26 sexies. Ámbito de aplicación.

Se aplicarán las disposiciones de este Capítulo para recabar aprobación judicial para la modificación de la mención registral relativa al sexo cuando respecto de la misma persona ya se haya realizado una rectificación de la inscripción registral relativa al sexo y una reversión de dicha modificación, de conformidad con lo dispuesto en el artículo 47, párrafo segundo, de la Ley para la igualdad real y efectiva de las personas trans y para la garantía de los derechos de las personas LGTBI.

Artículo 26 septies. Competencia, legitimación y postulación.

1. Será competente para conocer de este expediente el Juzgado de Primera Instancia del domicilio de la persona cuya mención registral pretenda rectificarse o, si no lo tuviera en territorio nacional, el de su residencia en dicho territorio.

2. Podrá promover este expediente cualquiera de las personas que estén legitimadas para instar la rectificación de la mención registral del sexo.

3. En la tramitación del presente expediente no será preceptiva la intervención de abogado ni procurador.

Artículo 26 octies. Tramitación.

1. El expediente, que será de tramitación preferente, comenzará con la presentación de una solicitud en la que la persona interesada manifieste su voluntad de revertir la rectificación registral anteriormente producida. Deberá ir acompañada de los medios de prueba que desee utilizar.

2. Admitida a trámite la solicitud, el Juez citará a comparecencia al solicitante y, en su caso, a sus representantes legales, a las demás personas que estime oportuno, así como al Ministerio Fiscal.

3. El Juez podrá solicitar la práctica de cualesquiera otras pruebas que considere oportunas.

Artículo 26 nonies. Resolución.

1. El Juez resolverá sobre la concesión o denegación de la aprobación judicial, considerando en todo caso, si el solicitante fuera persona menor de edad, el interés superior del menor.

2. El testimonio de dicha resolución se remitirá al Registro Civil competente para proceder, en su caso, a la inscripción de la rectificación aprobada judicialmente.

En dicha Ley se establece que dentro de los expedientes de Jurisdicción Voluntaria que se crean para tratar la materia es necesaria la aprobación judicial por medio de Jurisdicción Voluntaria en dos supuestos:

— Cuando la persona solicitante sea menor de catorce años y mayor de doce (26 bis a quinques LJV). No será necesaria la intervención de Abogado y Procurador y lo promueven las personas interesadas asistidas por sus representantes legales. Si hubiese discrepancia, habría que nombrar un defensor judicial (arts. 235 y 236 CC). Y en el caso de persona con discapacidad, seguiría el trámite de la provisión de medidas de apoyo. La tramitación se encuentra en el art. 26 quater LJV. Para la resolución no hacen falta informes médicos ni la modificación de la apariencia física de la persona.

— El otro supuesto es aquel en que, habiendo solicitado la reversibilidad de la rectificación, quiera rectificarse nuevamente la mención registral (arts. 26 sexies a nonies).

Todos estos expedientes son judiciales, ha de resolver el Juez de manera exclusiva, sin que exista concurrencia con otros profesionales.

En relación a la prueba en este tipo de expedientes y en cualquier otro de Jurisdicción Voluntaria, como dice Santos Martínez, existe libertad de valoración y la notable capacidad de decisión es todavía más amplia, sobre todo en expedientes que afectan a intereses de menores o personas con discapacidad. Así, el Juez (o el Letrado de la Administración de Justicia, en su caso) pueden basar sus cesiones en hechos de los que tenga conocimiento por manifestaciones de los interesados, por las pruebas o en la celebración de la comparecencia, aunque no hayan sido invocadas por el solicitante ni otros interesados, de acuerdo con el art. 19 LJV, con libre valoración y decisión, dada la materia abordada.

Para Banacloche Palao, curiosamente, cualquier menor transexual puede solicitar y obtener, sin contar con el consentimiento ni asistencia de sus padres o de su tutor el cambio registral de su nombre por razones de identidad sexual, aunque no se haya modificado la inscripción relativa al sexo (art. 48 Ley Trans).

Los mayores de 14 y menores de 16 pueden por sí mismos solicitar el cambio registral pero asistidos de sus representantes legales. En caso de que discrepen con el menor o los propios representantes entre sí, el art. 43.2.II de la Ley Trans establece que se procederá al nombramiento de un defensor judicial según los arts. 235 y 236 CC.

Así, el Letrado de la Administración de Justicia, como competencia que tiene en exclusiva para el nombramiento de defensores judiciales, debe nombrar a la persona más idónea para conocer su personalidad y actuar con respeto a sus derechos. El defensor judicial será quien decida si presta o no la asistencia al menor para proceder al cambio registral pues en este caso suple al prestador de apoyos. Banacloche Palao critica que sea el defensor el que decide y no el Juez, pues debería ser competencia del titular del órgano jurisdiccional la resolución, al ser éste quien tiene la mejor posición para ponderar las opciones planteadas y el interés superior del menor (como cuando el menor tiene entre 12 y 14 años). Para este Catedrático esta regulación es muy deficiente.

Por otra parte, cualquier persona mayor de 16 años puede pedir la rectificación registral del sexo a través de un procedimiento administrativo ante el Registro Civil, no judicial, sin ninguna documentación. Este cambio es reversible pasados seis meses, pero para proceder a la tercera rectificación el art. 47.II de la Ley Trans nos deriva a la Ley de Jurisdicción Voluntaria.

Según Banacloche Palao, se ha regulado este expediente sin establecer la determinación de los elementos que permitirían al Juez controlar dichas solicitudes; lo que conlleva que se pueda usar a la Administración de Justicia como "burladero" para evitar que se critique al legislador que ha permitido cambiar de sexo indefinidamente y sin justificación objetiva.

3. LA REFORMA DEL REAL DECRETO LEY 6/2023

Por último, el R.D. Ley 6/23, sólo ha modificado el art. 14 referente al inicio del expediente

> ***Artículo 14. Iniciación del expediente.***
>
> *1. Los expedientes se iniciarán de oficio, a instancia del Ministerio fiscal o por solicitud formulada por persona legitimada, en la que se consignarán los datos y circunstancias de identificación del solicitante, con indicación de un domicilio a efectos de notificaciones.* ***Deberá incluirse una dirección de correo electrónico en los casos de las personas que se hallan obligadas a intervenir con la Administración de Justicia por medios electrónicos, siendo tal aportación voluntaria en los demás casos.***
>
> *Se expondrá a continuación con claridad y precisión lo que se pida, así como una exposición de los hechos y fundamentos jurídicos en que fundamenta su pretensión. También se acompañarán, en su caso, los documentos y dictámenes que el solicitante considere de interés para el expediente.*
>
> *2. En la solicitud se consignarán los datos y circunstancias de identificación de las personas que puedan estar interesados en el expediente, así como el domicilio o domicilios en que puedan ser citados o cualquier otro dato que permita la identificación de los mismos.*
>
> *3. Cuando por ley no sea preceptiva la intervención de Abogado y Procurador, se facilitará al interesado en la Oficina judicial o a través de sede electrónica un impreso normalizado o formulario para llevar a cabo la solicitud, no siendo en este caso necesario que se concrete la fundamentación jurídica de lo solicitado.*

La solicitud podrá presentarse por cualquier medio, incluyendo los previstos en la normativa de acceso electrónico de los ciudadanos a la Administración de Justicia. De presentarse en papel, habrán de acompañarse tantas copias cuantos sean los interesados.

(Se modifica por la disposición final 4.1 del Real Decreto-ley 6/2023, de 19 de diciembre. Ref. BOE-A-2023-25758

Esta modificación entra en vigor el 20 de marzo de 2024, según establece la disposición final 9.2 del citado Real Decreto-ley).

4. TRABAJOS PARLAMENTARIOS ACTUALES QUE AFECTAN A LA JURISDICCIÓN VOLUNTARIA

Según la nota del Consejo de Ministros de 12 de marzo de 2024, se está abordando de nuevo —en la actualidad—, el Proyecto de Ley de Eficiencia Procesal, que quedó aparcado por la disolución de las Cortes Generales por la convocatoria de elecciones de 23 de julio de 2023. Este Proyecto también recoge cuestiones organizativas y digitales, que estaban planteadas en proyectos de leyes distintos en la Legislatura anterior.

El Real Decreto Ley 6/2023, de 19 de diciembre (que entró en vigor el 20 de marzo de 2024), ya incluyó muchas materias que se trataban en el Proyecto de 2022, pero otras muchas las dejó fuera, entre otras cosas porque eran materia de Ley Orgánica y otras exigían más maduración (como los medios adecuados de solución de controversias o la regulación sobre las costas procesales).

Así, la noticia que apareció en la web del Ministerio de Presidencia, Justicia y Relaciones con las Cortes decía:

"El Gobierno aprueba el anteproyecto de ley orgánica que reorganiza la Administración de Justicia

El Consejo de Ministros ha aprobado, a propuesta del Ministerio de la Presidencia, Justicia y Relaciones con las Cortes, el Anteproyecto de Ley Orgánica de ***medidas en materia de eficiencia del servicio público de Justicia y de acciones colectivas para la protección y defensa de los derechos e intereses de los consumidores y usuarios.***

La Moncloa, Madrid

En rueda de prensa, el ministro Félix Bolaños ha explicado que este anteproyecto, que constituye una parte esencial del impulso reformista en la Justicia anunciado por el Ejecutivo al comienzo de su mandato, abarca reformas necesarias para responder con eficacia a las necesidades de toda la ciudadanía en cuanto a la Administración de Justicia. Para el titular del Ministerio de la Presidencia, Justicia y Relaciones con las Cortes, esta ley "es una muestra del pleno compromiso de este Gobierno con que la calidad del servicio público de Justicia se sitúe a la altura de las necesidades y demandas de la ciudadanía".

Ley Orgánica de eficiencia del servicio público de Justicia

La futura Ley Orgánica de eficiencia del servicio público de Justicia constituye el tercer pilar de la ***transformación integral de la Administración de Justicia*** *impulsada por el ministerio, y sigue la senda de las medidas de eficiencia digital y procesal de la Administración de Justicia incluidas en el RDL 5/2023 y el RDL 6/2023.*

Esta norma aborda una reforma integral con la que, tal y como ha destacado el ministro, se resuelve el desajuste existente entre una estructura de la Justicia más propia del siglo XIX y las necesidades de la sociedad digital en la que vivimos hoy, "mucho más conectada, diversa, consciente de sus derechos y exigente respecto a los servicios que recibe de la Administración".

Así, la renovada estructura organizativa se asienta en tres novedades, como son los ***Tribunales de Instancia,*** *uno por partido judicial; la implementación de una Oficina Judicial única para cada uno de esos tribunales; y las Oficinas de Justicia en los Municipios, que sustituyen a los juzgados de paz.*

Respecto a la figura del Tribunal de Instancia, su implantación supondrá una importante optimización de recursos, al pasar de 3.800 juzgados a 431 tribunales de estas características, atajando posibles disfuncionalidades y permitiendo establecer criterios procesales comunes que garanticen la homogeneidad.

Estos nuevos tribunales implicarán la redefinición de las Oficinas Judiciales, que pasarán a prestar apoyo en tramitación procesal y servicios comunes a su correspondiente Tribunal de Instancia, bajo la dirección de un letrado de la Administración de Justicia.

Por su parte, las nuevas Oficinas de Justicia en el Municipio ampliarán considerablemente las competencias y los servicios que prestan los juzgados de paz, y seguirán cumpliendo su función social como punto de contacto con la ciudadanía, incluyendo como novedad la posibilidad de realizar actos y trámites procesales y registrales de manera telemática desde allí.

Esto contribuirá a avanzar en una Administración de Justicia más cercana que nunca para quienes no residen en núcleos urbanos, al tiempo que favorecerá la conciliación de los trabajadores de las Oficinas Judiciales y los Tribunales, gracias al despliegue de nuevas tecnologías que se está llevando a cabo para permitir la comunicación telemática entre todos los actores involucrados y la propia ciudadanía.

Eficiencia procesal. Medios alternativos de solución de controversias

El anteproyecto de ley orgánica aprobado hoy también regula los ***mecanismos alternativos de solución de controversias (MASC),*** *que ya se contemplaban en la Ley de Eficiencia Procesal que el Ejecutivo presentó la pasada legislatura. La aplicación de estos medios en vía no jurisdiccional, en el ámbito mercantil y civil, se contempla para evitar la sobrecarga de los juzgados y tribunales, limitando su intervención a aquellas causas en las que sean imprescindibles, y garantizado, a su vez, los derechos y las plenas garantías jurídicas de las partes.*

Así, se potenciará la ***negociación entre las partes*** *a través de instrumentos como la mediación, la conciliación privada, la oferta vinculante confidencial y la opinión de experto independiente, con el fin de encontrar soluciones dialogadas a sus disputas. Con el uso de estas herramientas, que ya son comunes y exitosas en países de nuestro entorno, cobrarán mayor protagonismo las profesiones jurídicas, ejerciendo la asistencia letrada a las partes.*

El Congreso de los Diputados inició la tramitación el 22 de marzo de 2024, tal como nos recuerdan Santabaya, de Paz, Cañete, Acebal y Mayor.

Efectivamente, este nuevo Proyecto deja excluidos del requisito de procedibilidad de acudir a un MASC los expedientes de Jurisdicción Voluntaria y las acciones para la tutela judicial civil de derechos fundamentales, así como determinadas acciones relacionadas con el internamiento forzoso, la tutela sumaria de la tenencia o posesión por quien ha sido despojado de una cosa o derecho o perturbado en su disfrute, demolición de objetos en ruina, protección de menores y medidas en materia de relaciones paternofiliales (arts. 5.2 y 5.3 del Proyecto).

"BOCG-15-A-16-1 BOLETÍN OFICIAL DE LAS CORTES GENERALES CONGRESO DE LOS DIPUTADOS Serie A Núm. 16-1 22 de marzo de 2024

Exposición de motivos (apartado V)

***Con independencia de la conciliación** ante el letrado o la letrada de la Administración de Justicia prevista y regulada en los artículos 139 y sucesivos de la Ley 15/2015, de 2 de julio, de la Jurisdicción Voluntaria, las leyes de enjuiciamiento prevén la actividad conciliadora de los tribunales en diversos momentos del procedimiento, bien sea al inicio de las comparecencias y vistas, o en la audiencia previa al juicio tratándose del juicio ordinario en el orden civil. Esta actividad la puede realizar el propio juez o jueza, o el letrado o la letrada de la Administración de Justicia, según las distintas disposiciones de las leyes rituarias, y a este fin se modifica el artículo 19 de la Ley 1/2000, de 7 de enero, para regular la posible derivación de los asuntos a mediación, o a cualquier otro medio adecuado de solución de controversias, por el letrado o la letrada de la Administración de Justicia cuando se den las circunstancias allí contempladas. Los efectos del eventual acuerdo, una vez homologado, tienen la misma eficacia que la sentencia firme. Conociendo dicha realidad, la presente ley **enumera y regula entre los diferentes métodos de negociación previa** a la vía jurisdiccional la conciliación privada, destacando los requisitos precisos para intervenir como conciliador y las funciones de la persona conciliadora. También la oferta vinculante confidencial y la opinión de experto independiente, con las características, efectos y principios rectores de cada uno de estos dos medios adecuados de solución de controversias.*

Exposición de motivos VII

*La disposición final decimoséptima modifica la Ley 15/2015, de 2 de julio, de la Jurisdicción Voluntaria, concentrando la **competencia judicial territorial para la aceptación y aprobación de la herencia cuando sea llamado a ella un menor o persona con discapacidad**. La medida agilizará la resolución y evitará la dicotomía normativa actualmente existente sobre competencia territorial para el conocimiento de este tipo de expedientes.*

Art. 94.1 redactado de nuevo

Se modifica el apartado 1 del artículo 94, que queda redactado como sigue: «1. Será competente para conocer de estos expedientes, cuya tramitación se ajustará a las normas comunes de esta ley, el Juzgado de Primera Instancia del último domicilio o, en su defecto, de la última residencia del causante y, si lo hubiere tenido

> *en país extranjero, el del lugar de su último domicilio en España o donde estuviere la mayor parte de sus bienes, a elección del solicitante.* ***Cuando sea llamado a la herencia un menor o persona con medidas judiciales de apoyo de personas con discapacidad, será competente para su conocimiento el Juzgado de Primera Instancia del lugar en que estos residan".***

En cuanto a las modificaciones organizativas y a efectos de Jurisdicción Voluntaria hay que tener en cuenta:

> *Artículo 85. Con carácter general, en los Tribunales de Instancia, las Secciones Civiles o las Civiles y de Instrucción que constituyan una Sección Única extenderán su jurisdicción a un partido judicial. Estas Secciones conocerán en el orden civil: 1.º En primera instancia, de los juicios que no vengan atribuidos por esta ley a otros órganos judiciales. 2.º* **De los actos de jurisdicción voluntaria en los términos que prevean las leyes.** *3.º De las solicitudes de reconocimiento y ejecución de sentencias y demás resoluciones judiciales extranjeras y de la ejecución de laudos o resoluciones arbitrales extranjeros, a no ser que, con arreglo a lo acordado en los tratados y otras normas internacionales, corresponda su conocimiento a otra Sección o Tribunal.»*

> *Artículo 438. 1. A los efectos de esta ley, se entiende por servicio común procesal, toda aquella unidad de la Oficina judicial que, sin estar integrada en un órgano judicial concreto, asume labores centralizadas de gestión y apoyo en actuaciones derivadas de la aplicación de las leyes procesales. 2. Prestarán su apoyo a todos o a alguno de los órganos judiciales de su ámbito territorial, con independencia del orden jurisdiccional al que pertenezcan y la extensión de su jurisdicción. 3. El Ministerio de Justicia y las comunidades autónomas en sus respectivos territorios serán competentes para el diseño, creación y organización de los servicios comunes procesales, con funciones de registro y reparto, actos de comunicación, auxilio judicial nacional e internacional, ejecución de resoluciones,* ***jurisdicción voluntaria*** *y medios adecuados de solución de controversias. Las Salas de Gobierno y las Juntas de Jueces y Juezas podrán solicitar al Ministerio y a las comunidades autónomas la creación de servicios comunes, conforme a las específicas necesidades. Asimismo, podrán crear servicios comunes procesales que asuman otras funciones distintas a las relacionadas en este número, en cuyo caso será preciso el informe favorable del Consejo General del Poder Judicial.*

Se establece en el art. 14 la conciliación como un MASC:

> *Artículo 14. Medios adecuados de solución de controversias en vía no jurisdiccional con regulación especial. 1. A los efectos de cumplir el requisito de procedibilidad para la iniciación de la vía jurisdiccional, y sin perjuicio de lo dispuesto en el artículo 5.1, las partes podrán acudir a cualquiera de las modalidades de negociación previa reguladas en este capítulo, a la mediación regulada en la Ley 5/2012, de 6 de julio, de mediación en asuntos civiles y mercantiles, o a cualquier otro medio adecuado de solución de controversias previsto en otras normas. En particular, las partes podrán cumplir dicho requisito mediante la negociación directa o, en su caso, a través de sus abogados. 2. La mediación se regirá por lo dispuesto en la Ley 5/2012, de 6 de julio, de mediación en asuntos civiles y mercantiles, y, en su caso, por la legislación autonómica que resulte de aplicación. No obstante, a efectos de lo dispuesto en esta ley, la mediación es uno de los medios adecuados de solución de controversias con el que se podrá cumplir el requisito de procedibilidad al que se refiere el artículo 5.1. 3.* ***La conciliación ante Notario se regirá por lo dispuesto en el capítulo VII del título VII de la Ley del Notariado, sin perjuicio de lo establecido en el artículo 5.1. 4. La conciliación ante el Registrador se regirá por lo dispuesto en el título IV BIS de la Ley Hipotecaria, sin perjuicio de lo establecido en el artículo 5.1. 5. La conciliación ante el letrado o la letrada de la Administración de Justicia se regirá por lo establecido en el título IX de la Ley 15/2015, de 2 de julio, de la Jurisdicción Voluntaria".***

Finalmente, habría que comentar que el Ilustre Colegio Nacional de Letrados de la Administración de Justicia ha criticado el Proyecto fundamentalmente por los plazos que se ha impuesto y, fundamentalmente, por la implantación de los Tribunales de Instancia, que suponen una reestructuración organizativa compleja que hay que realizar pausadamente y con tiento. Una de las críticas más relevantes es la alteración de la definición de la potestad jurisdiccional del artículo 117.3 de la Constitución, sustituyendo el término "Juzgados y Tribunales", por la de "Jueces, Juezas y Tribunales", olvidando que en el planteamiento constitucional, la potestad jurisdiccional, se ejerce por instituciones, Juzgados y Tribunales, no únicamente por personas (Jueces); los Jueces son una pieza clave en esos Tribunales, tal y como describe el Tribunal Constitucional al interpretar estos preceptos, pero junto a otros "operadores" que se constituyen en elementos indispensables para que pueda impartirse Justicia. Con ello, en opinión de esta asociación profesional, se expulsa a los Letrados de la Administración de Justicia del concepto de Tribunal, sin tener en cuenta sus funciones procesales y residenciándolo en la dirección de la Oficina Judicial.

Anexo I

Referencias bibliográficas

Banacloche Palao, J. (2023). *Los expedientes y procedimientos de Jurisdicción Voluntaria.* La Ley.

Barrio del Olmo, C. (2015). "El monitorio notarial". Academia Matritense del Notariado, (65).

Brocá-Majada /Corral (2015). *Jurisdicción Voluntaria. Práctica Procesal Civil.* Bosch.

Castrillo Santamaría, R. (2022). "Aspectos procesales del nuevo sistema español de provisión de medidas judiciales de apoyo: dudas y posibles soluciones prácticas". Actualidad Jurídica Iberoamericana, (17 bis), 1798-1823.

Cayo Pérez, L. (2023). "¿Pueden los Jueces proveer de apoyos a las personas con discapacidad contra su voluntad?". *Actualidad Civil,* (3).

Cinco Días (2023). "Viacrucis judicial para reclamar las deudas rápidas: hasta cuatro años de espera por los morosos a la fuga". *Legal.* https://cincodias.elpais.com/cincodias/2023/06/02/legal/1685707508_319747.html# Recuperado el 7 de junio de 2024.

Corpas Pastor, L. (2023). "El notario en el testamento de las personas con discapacidad". *Revista CEFLegal Civil-Mercantil,* (271-272).

De Lucchi López-Tapia, Y. (2024). "Diálogos para el futuro judicial LXXVIII. Discapacidad y Derecho: tres años después de la Ley 8/2021, de 2 de junio". *Diario La Ley,* (10476).

Departamento de Documentación de Iberley (2024). *Jurisdicción Voluntaria paso a paso. Guía práctica sobre todos los expedientes recogidos en la Ley 15/2015, de 2 de julio.* Colex.

García Rubio, M. (2023). "¿Pueden los Jueces proveer de apoyos a las personas con discapacidad contra su voluntad?". *Actualidad Civil,* (3).

Gomá Lanzón, F. (2023). "El poder preventivo tras la ley de apoyo a las personas con discapacidad". Revista El Notario del Siglo XXI, (108).

González Gutiérrez, J. (2024). "Diálogos para el futuro judicial LXXVIII. Discapacidad y Derecho: tres años después de la Ley 8/2021, de 2 de junio". *Diario La Ley,* (10476).

Ilustre Colegio Nacional de Letrados de la Administración de Justicia (2024). "El nuevo proyecto de Tribunales de Instancia tiene las mismas graves carencias que el de la anterior legislatura. Puede llevar a la Justicia al caos". *Noticias y Comunicaciones.* https://letradosdejusticia.es/el-nuevo-proyecto-de-tribunales-de-instancia-tiene-las-mismas-graves-carencias-que-el-de-la-anterior-legislatura-puede-llevar-a-la-justicia-al-caos/ Recuperado el 18 de julio de 2024.

Ludeña Benítez, O. (2015). "Alternatividad o exclusividad de profesionales en la tramitación y decisión de los expedientes de jurisdicción voluntaria: una discusión parlamentaria y doctrinal hasta la aprobación de la Ley 15/2015, de 2 de julio". *Práctica de Tribunales,* (116).

Ludeña Benitez, O. (2019). *La intervención del Letrado de la Administración de Justicia en la Jurisdicción Voluntaria.* Tesis Doctoral, Universidad de Alicante.

Magro Servet, V. (2023). "Análisis del Real Decreto-Ley 6/2023, de 19 de diciembre. Aspectos procesales y de funcionalidad tecnológica en la justicia". *Diario La Ley,* (10412).

Planas Ballvé, M. (2024). "Compatibilidad de la guarda de hecho con la curatela". *Diario La Ley,* (10465).

Rico García, E. (2023). "La guarda de hecho a la luz de las Sentencias del Pleno del Tribunal Supremo de 14 y 20 de octubre de 2023. Procedencia de la curatela en caso de insuficiencia de la guarda". Diario La Ley, (10393).

Roldán Melchor, N. (2022). *Un año después de la Ley 8/2021: conclusiones de Derecho sustantivo y procesal.* Colex.

Sales Jiménez, R. (2024). "El nuevo concepto de Discapacidad tras la Ley de Jurisdicción Voluntaria 15/2015 y la Ley 8/21, de 2 de junio, de protección de la persona con discapacidad". *Diario La Ley,* (10476).

Sancho Margallo, I. (2023). "¿Pueden los Jueces proveer de apoyos a las personas con discapacidad contra su voluntad?". *Actualidad Civil,* (3).

Santabaya, I. / De Paz, S. / Cañete, C. / Acebal, R. / Mayor, P. (2024). "Eficiencia procesal, métodos alternativos de resolución de conflictos y costas en materia civil y mercantil". Nota Jurídica (abril 2024).

Santos Martínez, A. (2024). "La prueba digital en los expedientes de jurisdicción voluntaria". *Diario La Ley,* (10419).

Segarra Crespo, M. (2023). "¿Pueden los Jueces proveer de apoyos a las personas con discapacidad contra su voluntad?". *Actualidad Civil,* (3).

Serra Domínguez, M. (2008). *Jurisdicción, acción y proceso.* Atelier.

Valero Canales, A. (2023). "La exigencia de la negociación previa a la acción civil y la mediación intrajudicial en los arts. 399.32º, 403.2, 414.1 y 2,415, 429 y 456.1 LEC en la reforma". *Práctica de tribunales,* (160).

Anexo II

Jurisprudencia referenciada

— STC 93/1983, de 8 de noviembre **(TOL110.807)**
— ATS de 18 de julio de 2000 **(TOL3.445.679)**
— AAP Tenerife de 15 de abril de 2009 **(TOL6.723.576)**
— STS 29 de abril de 2009 (**TOL1.514.778**)
— STC de 17 de octubre de 2011 (**TOL2.269.012**)
— STS 600/15, de 4 de noviembre (**TOL5.550.396**),
— STJUE del asunto C-49/14 de 18 de febrero de 2016 **(TOL5.643.818)**
— AAP Barcelona de 28 de noviembre de 2016 (**TOL5.986.281)**
— STJUE de 16 de febrero de 2017 **(TOL5.958.919)**
— STS de 8 de noviembre de 2017 (**TOL6.427.812**),
— SAP Ávila de 16 de octubre de 2018 (**TOL7.057.836)**
— STC de 14 de marzo de 2019 **(TOL7.153.724)**
— SAP Badajoz de 21 de octubre de 2019 (**TOL7.638.626**)
— AAP Tarragona de 15 de enero de 2020 (**TOL7.737.451)**
— AAP Barcelona de 14 de enero de 2021 (**TOL8.300.366)**
— AAP Barcelona de 3 de febrero de 2021 (**TOL8.352.273**)
— STS 589/2021, de 8 de septiembre (**TOL8.585.229**)
— AAP Valencia de 20 de octubre de 2021 (**TOL8.744.555**)
— SAP Pontevedra de 28 de abril de 2022 (**TOL9.103.768**)
— ATS 7 de junio de 2022 (**TOL9.049.266**)
— STS 1443/2023, de 20 de octubre (**TOL9.740.661**)
— STS 1444/2023, de 20 de octubre (**TOL9.740.872**)

Anexo III

Índice de formularios

— F.17 MODELO DE “SENTENCIA” (AUTO) DENEGANDO LA CONSTITUCIÓN DE GUARDA DE HECHO
— F.18 MODELO DE PARTE DISPOSITIVA DE AUTO ACORDANDO CURATELA REPRESENTATIVA CON PROVISIÓN DE MEDIDAS DE APOYO

Anexo IV

Esquemas

ESQUEMA 1. EXPEDIENTE DE SEPARACIÓN O DIVORCIO DE MUTUO ACUERDO SIN HIJOS MENORES O CON HIJOS MAYORES DE EDAD

Cónyuges de mutuo acuerdo o uno con el consentimiento de otro (art. 777 LEC)

— Posibilidad de presentarse en Juzgado ante LAJ o ante Notario. Acaba por decreto o escritura notarial.

— Necesario Abogado y Procurador en Juzgado. Sólo Abogado en Notaría.

— Debe manifestarse no existencia de denuncias susceptibles de ser conocidas por Juzgado de Violencia sobre la Mujer (aunque Juzgado lo comprobará también —753 LEC— en expediente judicial)

— Se aporta Convenio regulador y medidas sobre hijos mayores de edad no independientes económicamente.

  o Art. 82.1.2 CC Además de ratificación por separado de cónyuges, se debe obtener consentimiento de hijos mayores no independientes económicamente sobre acuerdos que les afecten.

    • En caso de acuerdos perjudiciales o no consentidos, posibilidad de LAJ de hacerlo saber y Juez resuelve (en expediente judicial).

— Modificaciones de medidas de mutuo acuerdo en estas circunstancias (775, 777 LEC) también mediante esta tramitación.

ESQUEMA 2. EXPEDIENTE DE CONCILIACIÓN JUDICIAL

Solicitante tiene conflicto con otra persona (física o jurídica)

— Pretender llegar a un acuerdo (art 139 LJV)

(Siempre que no sea sobre materias del 139.2 v.gr., con menores o discapacitados, Administraciones, responsabilidad civil Jueces, materias no susceptibles transacción o compromiso).

— Competencia: LAJ Juzgado de Primera Instancia o Mercantil/ Juez de Paz domicilio del requerido (140 LJV)

— Si no se encuentra requerido o resulta en otro partido judicial, archivo (140 LJV)

Solicitud presentada (141 LJV)

— LAJ o Juez de paz decreto/auto admisión. Y citación interesados (142 LJV).

— Admisión implica interrupción prescripción (143 LJV).

— Se acude a comparecencia. Ratificación conciliante de solicitud. LAJ/ Juez de Paz PROCURARÁ avenirlos. Requerido se aviene o no (145 LJV).

— Si avenencia, decreto o auto final, título ejecutivo 517.2.9º LEC (147 LJV).

— Si no avenencia o no acude alguna de las partes, archivo (145 LJV).

ESQUEMA 3. EXPEDIENTE DE INTERVENCIÓN JUDICIAL EN CASO DE DESACUERDO EN EL EJERCICIO DE LA PATRIA POTESTAD

Existencia de desacuerdo entre progenitores en ejercicio patria potestad.

Materias del art. 156/158 CC

— Presenta expediente progenitor que pretende cambio colegio, cambio residencia, vacunación... y no encuentra consenso con el otro progenitor (arts. 85 y ss. LJV).

  o No necesario Abogado ni Procurador.

  o Competencia: Juzgado Primera Instancia domicilio o residencia del hijo. Excepción: si medidas ya establecidas por resolución judicial, competencia Juzgado Primera instancia que lo hubiese dictado.

  o Una vez presentado, amplia libertad del Juzgado para su tramitación:

    - Posibilidad de resolver dando traslado documental a partes y Ministerio Fiscal
    - Traslado documental y vista.
    - Señalamiento directo de vista si la urgencia del caso es valorado así por el Juez.

Resolución: auto apelable pero sin efectos suspensivos.

ESQUEMA 4. EXPEDIENTE DE CONSIGNACIÓN JUDICIAL

Solicitante pone a disposición cosa ante negativa de acreedor a recepción (evita intereses, incumplimiento contractual...)

— Competencia: Juzgado de Primera Instancia donde deba cumplirse obligación, en su defecto domicilio deudor (art. 98 LJV).

  o No hace falta Abogado ni Procurador.

  o Solicitante debe acreditar que realizó ofrecimiento pago, anunció consignación y efectuó puesta a disposición de la cosa.

— Juzgado notifica acreedor 10 días para retirar cosa o alegar (99 LJV).

  o Si interesado retira cosa aceptando expresamente consignación, LAJ dicta decreto teniendo por aceptada.

  o Si interesado no retira cosa, no dice nada o rechaza alegación, traslado a promotor para:

    • Instar devolución (decreto LAJ)

    • Mantenimiento consignación (citación a comparecencia ante Juez y resuelve por auto declarando bien hecha o no consignación).

ESQUEMA 5. EXPEDIENTE DE PROVISIÓN DE MEDIDAS DE APOYO DE PERSONA DISCAPACITADA

Solicitante puede ser (42.bis.a) LJV):

— Ministerio Fiscal (por sí o conocedora de los hechos por cualquier persona)

— Propia persona con discapacidad

— Cónyuge no separado de hecho o legalmente o situación de hecho asimilable

— Descendientes, ascendientes o hermanos

  o Competencia: Juzgado de Primera Instancia donde reside persona con discapacidad.

  o Postulación: no necesario Abogado y Procurador salvo que persona con discapacidad se oponga a solicitud.

    • A solicitud se acompaña (42 bis b) LJV)

  o Documentos que acrediten necesidad de apoyo

  o Dictamen pericial social y sanitario (no es necesario que sea privado, válido de Servicios Sociales y/o médico de atención primaria).

  - o Proposición de prueba a practicar en comparecencia.

— Juzgado podrá incluir nuevas pruebas que estime necesarias antes de comparecencia. Citación a comparecencia.

  - o Oposición dará lugar a conversión en contencioso (756 y ss. LEC, pero la oposición solo basada en qué persona concreta se encargará de curatela o guarda no convierte en contencioso expediente).

— Comparecencia: reconocimiento forense previo junto con Juez y Letrado de la Administración de Justicia y, después vista con Juez, partes y Ministerio Fiscal.

— Resolución final (debe ser auto) acuerda curatela representativa, guarda de hecho o no adopción de ninguna medida. Recurrible en apelación.

ESQUEMA 6. EXPEDIENTE DE REVISIÓN DE MEDIDAS DE APOYO

— Regulado en art. 42 bis.c) LJV

— Medidas adoptadas 42 bis b) deben ser objeto de revisión periódica en plazo y forma en que disponga auto (3 años o 6 años si se justifica).

  - o Personas legitimadas: las de iniciación de expediente 42.bis. a).
  - o Competencia: siempre que discapacitado resida en mismo partido judicial, mismo Juzgado que acordó medidas. Si vive en otro partido, testimonio del expediente y remisión a nuevo Juzgado.
  - o Tramitación: se vuelven a realizar mismas actuaciones 42 bis. b) si se estima necesario.
  - o Conversión procedimientos antiguos de incapacitación en revisión de provisión medidas de apoyo y nuevas curatelas, en su caso.